RENÉ MERLET

ARCHIVISTE D'EURE-ET-LOIR

LES
COMTES DE CHARTRES
DE
CHATEAUDUN ET DE BLOIS

Aux IXe et Xe siècles

CHARTRES
IMPRIMERIE GARNIER
15, Rue du Grand-Cerf, 15

—

1900

LES COMTES DE CHARTRES

DE CHATEAUDUN ET DE BLOIS

RENÉ MERLET

ARCHIVISTE D'EURE-ET-LOIR

LES
COMTES DE CHARTRES
DE
CHATEAUDUN ET DE BLOIS

Aux IXe et Xe siècles

CHARTRES
IMPRIMERIE GARNIER
15, Rue du Grand-Cerf, 15

1900

LES COMTES DE CHARTRES

DE CHATEAUDUN ET DE BLOIS

Aux IXe et Xe siècles

CHAPITRE Ier

GÉOGRAPHIE HISTORIQUE DU PAYS CHARTRAIN ANTÉRIEUREMENT AU IXe SIÈCLE

Dans les siècles qui précédèrent la naissance du Christ, au temps où la Gaule était indépendante, Chartres, qui se nommait alors *Autricum*, fut le chef-lieu d'une grande peuplade celtique. Cette peuplade, appelée *Carnutes*, avait son territoire au cœur même de la Gaule [1]. Outre Autricum, capitale des Carnutes, on connaît une ville importante, comprise dans les frontières de cette tribu : *Caesar*, est-il dit dans les Commentaires, *in oppido Carnutum, Genabo, castra ponit* [2]. *Genabum* est aujourd'hui Orléans [3].

---

[1] Cf. César, *Commentaires*, l. 6, c. 4 : *in finibus Carnutum quae regio totius Galliae media habetur.*

[2] L. 8, c. 5.

[3] L'identité de Genabum et d'Orléans est aujourd'hui démontrée. La découverte, faite en 1846, à Orléans même, dans le faubourg Saint-Vincent, d'une inscription funéraire, datant du premier siècle de notre ère, a définitivement tranché la question. Cette inscription est ainsi conçue :

L. CORNELIUS MAGNUS
ATEPOMARI FIL.
CIVIS SENONIUS
CUR. CENABENSIUM
VIVOS SIBI.

Sur l'identité de Genabum et d'Orléans, cf. Jollois, *Mémoire sur les Antiquités du département du Loiret* (1836); Boucher de Molandon, *Nouvelles études sur l'inscription romaine trouvée à Mesve* (Mémoires lus à la Sorbonne, avril 1867); L. Guerrier, *Genabum, nouvelle étude d'après les anciennes controverses et les travaux les plus récents* (Mém. de la Soc. arc. de l'Orléanais, t. XXV, 1894, p. 391 et s.). — Ce dernier mémoire est le meilleur qui ait été rédigé sur la question. On y trouvera la bibliographie complète du sujet.

Le territoire, qu'occupait en Gaule chaque tribu indépendante, analogue à celle des Carnutes, est désigné par César sous le nom de *civitas* ou *cité*. Cette expression fut celle qu'adoptèrent les empereurs romains comme titre des circonscriptions administratives qu'ils créèrent en ce pays après la conquête.

L'empereur Auguste, par une sage mesure politique, conserva généralement aux petits États gaulois leurs anciennes limites qui devinrent celles des cités. Il en fut ainsi pour le pays chartrain. C'est ce que l'on peut induire en partie du témoignage des géographes Strabon et Ptolémée.

Le premier, qui écrivait sous Auguste et sous Tibère, nous apprend qu'à cette époque Orléans dépendait encore de la cité des Carnutes [1]; le second, qui vivait environ cent ans plus tard, nous montre que l'état des choses n'avait pas changé [2]: les deux villes principales des Carnutes sont, dit-il, Autricum et Genabum.

On peut donc présumer que, pendant les deux premiers siècles de notre ère, la contrée, appelée *civitas Carnutum* par les Gallo-Romains, représentait assez exactement celle qu'occupait, au temps de César, la peuplade gauloise des Carnutes.

Dans le cours du IIIe siècle, la cité chartraine fut démembrée en deux circonscriptions [3]. L'une conserva la ville d'Autricum pour chef-lieu avec le titre de *civitas Carnutum*, l'autre eut pour capitale l'ancienne ville de Genabum, qui devait être dès lors communément appelée *Aurelianis* [4] : d'où

---

[1] Γήναβον, τὸ τῶν Καρνούτων ἐμπορίον. Cf. dom Bouquet, *Recueil des Historiens des Gaules et de la France*, I, 22.

[2] Παρὰ τὸν Σηκοάναν, Καρνοῦται, καὶ πόλεις: Αὔτρικον, Κήναβον. Cf. dom Bouquet, livre cité, I, 74.

[3] On ne peut préciser davantage l'époque à laquelle eut lieu le démembrement de la *civitas Carnutum*. Au IIe siècle de notre ère, d'après Ptolémée, Orléans dépendait encore de la cité chartraine. D'autre part, dès le début du IVe siècle, le démembrement était opéré; car, lorsque les évêchés furent constitués en cette région, dans la première moitié du IVe siècle, Orléans devint le chef-lieu d'un diocèse répondant au territoire de la *civitas Aurelianorum*. Ce dut donc être dans le courant du IIIe siècle que la *civitas Aurelianorum* fut constituée et séparée de la *civitas Carnutum*.

[4] Une idée très répandue est que la ville de Genabum aurait été nommée *Aurelianis*, après avoir été reconstruite par l'empereur Aurélien, lors d'un séjour de ce prince en Gaule, vers 273. Cette hypothèse ne repose sur aucun fondement historique, et, quoique séduisante, elle n'est pas admissible. Si Aurélien avait imposé son nom à Genabum, cette ville aurait été appelée

le titre de *civitas Aurelianorum*, donné à cette seconde circonscription.

La ligne de démarcation des deux nouvelles cités peut être encore aujourd'hui partiellement rétablie grâce à un certain nombre de villages, qui, s'étant créés sur cette frontière, tirèrent de leur situation les noms caractéristiques de *Fines*, *Ad Fines* [1].

C'est ainsi que du côté de la Beauce on peut citer les bourgades ou lieux-dits de Fains, d'Auffains, de Terminiers *Terminarium* (?), de Fins; et du côté de la Sologne, le village de Feings avec le hameau dit Maison de Fins [2].

D'autres raisons permettent du reste de tracer avec plus de précision cette ligne de démarcation.

Dans le temps où fut démembrée la *civitas Carnutum*, c'est-à-dire dans le cours du IIIe siècle, le christianisme se répandait déjà en cette contrée: il y fit même bientôt de grands progrès et, sous les gouvernements protecteurs de

---

Aureliana et non *Aurelianis* (Cf. *Augusta* d'Augustus, *Constantia* de Constantius, etc). On doit plutôt reconnaître, suivant M. Aug. Longnon, dans le mot *Aurelianis*, un composé du suffixe latin *anus* et du gentilice bien connu *Aurelius*. Il est possible qu'un faubourg de Genabum portât le nom d'Aurelianis à cause des domaines qu'y aurait possédés la famille Aurelia; puis le nom romain du faubourg se serait étendu peu à peu à toute la ville et aurait effacé l'antique appellation de l'oppidum gaulois. — Dans cette hypothèse ce serait la ville *Aurelianis* qui aurait donné son nom à la *civitas Aurelianorum*. — Mais il est bon de faire remarquer qu'on pourrait émettre une autre hypothèse non moins vraisemblable. L'empereur Aurélien aurait détaché du territoire des Carnutes et constitué en cité le pays environnant Genabum. Cette nouvelle circonscription aurait, du nom de son fondateur, pris le titre de civitas Aurelianorum et reçu Genabum pour chef-lieu; puis, dans le cours du IVe siècle, Genabum, à l'instar d'un grand nombre de villes de la Gaule, aurait perdu son ancien nom pour prendre celui de la cité dont elle était capitale. — Seule la découverte inespérée de quelque inscription gallo-romaine pourrait donner la solution certaine de ce problème.

[1] Il suffit de parcourir la table de Peutinger pour voir combien de villages, s'étant formés dans la Gaule romaine sur les limites des différentes cités, avaient tiré de leur situation ce nom de *Fines*. Beaucoup de ces anciennes bourgades ont complètement disparu; mais il n'y a pas un pays en France qui en ait conservé un aussi grand nombre que la région chartraine.

[2] *Fains-la-Folie*, Eure-et-Loir, arr[t] Chartres, c[on] Voves.
Auffains (hameau), c[ne] Baignolet, Eure-et-Loir, arr[t] Chartres, c[on] Voves.
Terminiers, Eure-et-Loir, arr[t] Châteaudun, c[on] Orgères.
Fins (hameau), c[ne] de Concriers, Loir-et-Cher, arr[t] Blois, c[on] Marchenoir.
Feings, Loir-et-Cher, arr[t] Blois, c[on] Contres.
Maison de Fins, hameau marqué sur la carte de Cassini, à deux kilomètres environ au nord-est de Fougères, Loir-et-Cher, arr[t] Blois, c[on] Contres.

Constance-Chlore et de Constantin (292-337), il s'y organisa définitivement.

On possède pour Chartres et Orléans deux documents qui peuvent servir à déterminer approximativement l'époque où furent régulièrement constituées les églises diocésaines de ces cités. Ce sont deux catalogues ou listes d'évêques [1] : transcrits seulement au XIe siècle, ces catalogues paraissent être dérivés des anciens diptyques des deux cathédrales. Malgré leur extrême sécheresse, ils ont une réelle valeur historique, en ce sens que là où l'on peut les contrôler par des titres originaux, ils n'offrent ni erreur, ni lacune, et que par suite on peut leur supposer une semblable précision pour la succession des quelques pontifes qu'ils sont seuls à nous faire connaître.

La liste épiscopale d'Orléans indique comme ayant été le premier évêque de cette ville Diclopetus, qui signa les actes du Concile de Sardique en 313 sous cette forme, Δηκλόπετος [2]. A Chartres, le premier évêque de la cité fut Adventus qui semble avoir été contemporain de Diclopetus [3].

Ces deux diocèses ne furent donc organisés que dans la première moitié du IVe siècle, vraisemblablement sous l'empereur Constantin, alors que ce prince eut autorisé l'exercice du culte chrétien dans tout l'empire.

---

[1] Le catalogue des évêques de Chartres se trouve au folio 137 d'un manuscrit du XIe siècle, conservé à la Bibliothèque nationale sous le n° 13758 latin. Il a été publié dans les *Mémoires de la Société Archéologique d'Eure-et-Loir*, t. IX, p. 453-460. Quant au manuscrit qui contient le catalogue des évêques d'Orléans, il n'est plus en France aujourd'hui : on le conserve à la bibliothèque du Vatican, parmi les manuscrits de la reine de Suède, sous le n° 465 ; il date également du XIe siècle. La liste qu'il renferme a été publiée dans les *Bulletins de la Société Archéologique de l'Orléanais*, t. IV, p. 55.

[2] Sur Diclopetus voir l'intéressante notice consacrée à cet évêque par M. Cuissard dans son travail sur les premiers évêques d'Orléans (*Mémoires de la Société Archéologique de l'Orléanais*, t. XXI, p. 124-143).

[3] C'est ce que rend fort probable le tableau que j'établis ici d'après les deux catalogues du XIe siècle.

PREMIERS ÉVÊQUES D'ORLÉANS	PREMIERS ÉVÊQUES DE CHARTRES
1. Diclopetus (conc. de Sardique, 313).	1. Adventus.
2. Alitus.	2. Optatus.
3. Desinianus.	3. Valentinus.
4. Evurtius.	4. Martinus.
5. Anianus.	5. Anianus.
6. Magnus.	6. Severus.

Quant à l'étendue donnée à ces diocèses, tout tend à prouver que ce fut précisément celle des cités romaines de Chartres et d'Orléans. L'Église, qui trouvait en Gaule des circonscriptions territoriales toutes tracées et acceptées par les populations, ne pouvait songer à en créer de nouvelles. Un fait analogue s'est produit de nos jours, quand, après la Révolution, la France ayant été divisée en départements, l'on attribua aux diocèses rétablis les limites mêmes de ces départements.

Par conséquent tant que la cité et le diocèse coexistèrent, leurs frontières se confondirent : lorsque la cité romaine eut disparu par suite de la conquête franque, le diocèse religieux demeura. Car, si les premiers rois mérovingiens imposèrent de grands changements à l'administration impériale, ils adoptèrent la religion chrétienne et respectèrent ses institutions. Aussi, tandis que la cité était le plus souvent fractionnée en *pagi*, le diocèse put en général traverser le moyen âge sans être modifié dans son étendue [1].

C'est ce qui eut lieu en particulier pour les diocèses de Chartres et d'Orléans. Si l'on trace en effet la ligne de démarcation des deux églises au XIIIe siècle [2], on voit que cette

7. Febatus.	7. Castor.
8. Gratianus.	8. Africanus.
9. Monitor.	9. Possessor.
10. Prosper.	10. Polochronius.
11. Flosculus.	11. Palladius.
12. Dago.	12. Arboastus.
13. Eusebius (concile d'Orléans, 511).	13. Flavius.
	14. Sollemnis.
	15. Adventinus (conc. d'Orléans, 511).

Si l'on prend comme point de comparaison les évêques Eusebius et Adventinus qui assistèrent tous deux au concile d'Orléans en 511, on voit que le premier eut 12 prédécesseurs, et le second 14. Adventus devait donc vivre à la même époque que Diclopelus ; car on sait que les évêques d'Orléans, Evurtius et Anianus, occupèrent le siège épiscopal de cette ville pendant de longues années (370 environ à 450), et il n'est pas surprenant de trouver à Chartres, dans un même espace de temps, deux évêques de plus qu'à Orléans.

Pour cette chronologie, je suis complètement d'accord avec M. l'abbé Duchesne. Cf. *Fastes épiscopaux de l'ancienne Gaule*, Paris, Thorin, 1894, in-8°, p. 11.

[1] Les décrets des conciles contribuèrent pour une grande part à faire respecter les limites primitives de chaque diocèse.

[2] On peut intégralement reconstituer cette ligne frontière grâce au pouillé du diocèse de Chartres au XIIIe siècle, publié par Guérard dans le *Cartulaire de Saint-Père*, p. CCXCVII-CCCXLIV.

ligne passe près des villages signalés plus haut comme ayant dû délimiter primitivement les deux cités romaines, c'est-à-dire près de Fains, Auffains, Terminiers, Fins, en Beauce ; près de Maison-de-Fins et de Feings en Sologne. On est donc en droit de rétablir la carte des deux cités d'après celle des deux diocèses [1].

Connaissant l'étendue des cités romaines de Chartres et d'Orléans, on en tire celle de la primitive *civitas Carnutum*, et approximativement celle du pays des Carnutes au temps de l'indépendance gauloise.

Ce vaste territoire se trouvait ainsi traversé par la Loire sur une étendue de plus de cent kilomètres [2], et l'on comprend comment Tibulle, après un voyage en Gaule dans les années qui suivirent celles de la conquête de César, pouvait par souvenir appeler la Loire « le fleuve bleu du blond Carnute. »

Carnuti et flavi caerula lympha Liger [3].

Au cours du Ve siècle, les peuplades germaines s'étant jetées sur la Gaule parvinrent à y renverser de fond en comble la domination romaine. Vers l'année 495, le pays chartrain tomba au pouvoir du roi des Francs Clovis [4].

---

[1] Sur les limites de la cité romaine de Chartres, on peut signaler encore : le hameau de *Fins*, représenté aujourd'hui par les lieux dits du *Grand-Fins* et du *Petit-Fins*, commune de Ternay (Loir-et-Cher), arrondissement de Vendôme, canton de Montdoubleau. Ce lieu, à l'époque gallo-romaine, devait avoir une certaine importance. Il était à l'extrême limite de la grande forêt de Gâtine, qui servait alors de frontière commune aux trois cités du Mans, de Chartres et de Tours. Par suite des défrichements ultérieurs chacune de ces trois cités, devenue diocèse, s'agrandit aux dépens de la forêt. C'est ainsi que le diocèse du Mans, englobant le village de Fins, s'étendit à quelques lieues au-delà. (Sur la forêt de Gâtine, cf. Mabille, *Divisions territoriales de la Touraine*, Bibliothèque de l'École des Chartes, 1864, p. 239). — L'on peut aussi mentionner un village du nom de *Feings* (Orne, arrondissement et canton de Mortagne), sur la frontière des cités de Chartres et de Sées.

[2] Depuis Sully jusqu'à Limeray.

[3] Tibulle, livre I, élég. 8.

[4] Le siège de la ville de Chartres par Clovis est mentionné par un auteur presque contemporain, je veux parler du disciple de saint Laumer, qui écrivit la vie de cet abbé, et qui rapporte que Laumer naquit dans le temps où l'armée des Francs assiégeait la cité chartraine. *Beatus Launomarus, tempore quo Francorum exercitus Carnotensium vallabat civitatem, exortus est* (Mabillon, *Acta SS. ord. S. Benedicti*, Sæc. I, p. 335). Ce texte important a échappé aux minutieuses recherches de M. Iunghans, qui, outre le témoignage de l'his-

Ce prince et ses premiers successeurs transformèrent peu à peu la division territoriale établie en notre pays par les Romains. Ils avaient trouvé le territoire divisé tout entier en *civitates*. A la *civitas*, ils substituèrent au point de vue administratif le *pagus*. La Gaule sur toute sa surface fut bientôt morcelée en *pagi*.

« A l'origine, le *pagus* emprunte le plus souvent les limites
» de la *civitas*; mais dans les contrées où dominent les
» hommes de race franque ou bourguignonne, les *pagi* se
» multiplient par le morcellement des cités, et il semble que
» leur nombre soit en rapport avec celui de la population
» germanique[1] ».

La région environnant Chartres aurait été au nombre de celles où les Francs s'établirent en grand nombre, car ils démembrèrent la cité romaine en plus de six pagi.

Les documents originaux des siècles postérieurs permettent en effet de constater que le territoire de la *civitas Carnutum* avait servi à former : le *pagus Carnotenus*, chef-lieu Chartres ; le *pagus Durocassinus*, chef-lieu Dreux ; une partie du *pagus Madriacensis*, chef-lieu Mérey[2] ; le *pagus Pinisciacensis*, chef-lieu Poissy[3] ; une partie du *pagus Stampensis*, chef-lieu Etampes ; le *pagus Dunensis*, chef-lieu Châteaudun ; le *pagus Vindocinensis*, chef-lieu Vendôme ; le *pagus Blesensis*, chef-lieu Blois.

De ces huit pagi, quatre étaient déjà certainement constitués au VIe siècle. Grégoire de Tours mentionne en effet le Chartrain, le Dunois, le Blésois et l'Étampois.

Dès le VIIIe siècle, les limites de toutes ces circonscriptions

---

torien Procope, n'a connu que deux documents du VIe siècle, où il soit fait mention de la lutte que Clovis eut à soutenir contre les cités d'entre Seine et Loire, lorsqu'il entreprit la conquête de ce pays. L'un de ces documents est la *Vie de sainte Geneviève*, où est raconté en détail le siège de Paris qui dura cinq ans ; l'autre est un épisode du siège de Nantes par l'armée franque, cité incidemment par Grégoire de Tours dans le *De Gloria Martyrum*, 1, c. 60. Cf. Junghans, *Histoire critique des règnes de Childérich et de Chlodovech*, traduit de l'allemand par G. Monod, Paris, Vieweg, 1879, in-8° (Collection de la Bibliothèque de l'École des Hautes Études).

[1] Ce passage est emprunté au beau travail de M. Aug. Longnon sur les *pagi* de la Gaule (*Atlas historique de la France*, p. 89, 90).

[2] Mérey (Eure), arrondissement d'Évreux, canton de Pacy-sur-Eure.

[3] Poissy (Seine-et-Oise), arrondissement de Versailles.

— 8 —

étaient fixées et elles ne changèrent plus jusqu'à la fin du Xe siècle.

On a pu, grâce aux chartes octroyées par les rois et les particuliers pendant cette longue période de temps, reconstituer d'une manière précise l'étendue de chacun de ces huit *pagi*. M. Longnon, dans son *Atlas historique de la France*, a fort bien résumé, en les rectifiant souvent, les travaux consacrés à cette question par ses devanciers. Aussi bien les résultats auxquels on est arrivé aujourd'hui sont assez définitifs, pour que je n'aie pas à revenir après tant d'autres sur cette étude [1].

Je me contenterai de relever, dans un document daté de l'année 615, les noms de plusieurs localités de la région chartraine, afin de montrer que, dès cette époque reculée, les *pagi* étaient constitués, et que, pour ainsi dire, on plaçait alors tel village dans tel *territorium* [2] ou *pagus*, comme aujourd'hui nous plaçons telle commune dans tel département.

Le document, dont je veux parler, est le testament de Bertrand, évêque du Mans, en date du 27 mars 615 [3].

Par ce testament, Bertrand, entre autres donations, lègue à l'un de ses neveux, Sigechelmus, deux villas dans le *territorium Dunense*. Il les désigne simultanément sous les noms de *Villam Pannonio* et de *Macerias* [4]. J'avais cru pendant longtemps que *Villam Pannonio* était le hameau de Plainville, près de la commune de Coudreceau [5], hameau qui, vers l'an-

---

[1] Il suffit de renvoyer quiconque voudrait connaître l'état de la question à l'*Atlas historique* de M. Longnon, pages 108 et 109.

[2] Le mot *territorium* est alors souvent employé comme synonyme de *pagus*. Ce dernier terme effaça presque entièrement dans la suite toute autre appellation.

[3] L'authenticité du testament de Bertrand a été admise par les plus grands érudits des siècles derniers. Mabillon et Le Cointe ont jugé que cet acte était un des monuments les plus précieux que nous ait légués le VIIe siècle. De nos jours, Pardessus, dans son recueil des *Diplomata chartae*, s'est rangé à la même opinion. Tout récemment un érudit, qui s'était acquis une grande réputation dans l'étude des questions mérovingiennes et qu'une mort prématurée a enlevé à la science, M. Julien Havet, préparait sur le testament de Bertrand une étude, dans laquelle il devait conclure à l'authenticité de ce document, comme il nous l'écrivait à nous-même à la date du 17 juillet 1891. Cf. *Les actes des évêques du Mans* dans la *Bibliothèque de l'École des Chartes*, année 1894, p. 18.

[4] Cf. Pardessus, *Diplomata, chartæ...*, I, 210.

[5] Coudreceau (Eure-et-Loir), arrondissement de Nogent-le-Rotrou, canton de Thiron.

née 1120, est appelé *Pencinvilla*[1], vers 1130, *Pelcinvilla*[2], d'où est directement dérivé le nom de Plainville. Mais ce hameau était à quelque distance en dehors des frontières du *pagus Dunensis*, et du reste aucun village du nom de Mézières (*Macerias*) n'existe dans les environs. J'ai retrouvé dans la partie méridionale du pays dunois, non loin de Sémerville[3], les deux villas qui appartenaient en 615 à l'évêque du Mans, Bertrand. *Macerias* est aujourd'hui Mézières[4], près de Sémerville, et la *Villa Pannonio* est Plainville[5], situé à un kilomètre environ de Mézières.

Le *territorium Stampense* est également mentionné dans le testament de Bertrand. On y lit : *Villam Bualone, sitam in Stampense, secus Acqualina*[6]. *Bualone* est aujourd'hui Bullion[7], qui au XIIIe siècle se nommait *Boolon*[8]. En 1511 ce village est appelé *Boullon*[9] ; en 1652 *Boulon*[10]. Entre les années 1652 et 1701 Boulon changea son nom en celui de Bullion[11]. La situation de cette commune est encore aujourd'hui telle que la représente le testament de Bertrand, c'est-à-dire à côté de la forêt Iveline ou de Rambouillet, *secus Acqualina*.

---

[1] *Cartulaire de N.-D. de Chartres*, par MM. de Lépinois et Merlet, III, p. 42.

[2] *Cartulaire de Tiron*, par M. L. Merlet, I, 146.

[3] Sémerville (Loir-et-Cher), arrondissement de Blois, canton d'Ouzouer-le-Marché.

[4] Mézières, hameau, commune de Verdes (Loir-et-Cher), arrondissement de Blois, canton d'Ouzouer-le-Marché.

[5] Plainville est marqué sur les cartes de Cassini et de l'État-major ; mais il ne se trouve pas dans le *Dictionnaire des Postes*.

[6] Pardessus, *liv. cité*, p. 202. Bertrand donna cette villa à son parent Leuthramnus.

[7] Bullion (Seine-et-Oise), arrondissement de Rambouillet, canton de Dourdan.

[8] *Apud Longam Quercum decimam vineæ, quæ sita est inter villam et viam que ducit ad Boolon* (*Cart. des Vaux-de-Cernay*, par MM. Moutié et Merlet, T. 1, p. 216). Longchesne est un hameau de la commune de Bullion.

[9] *L'abbaye des Vaux-de-Cernay possède la grange dîmeresse de Long-Chesne..., item, la moitié par indivis de toutes les dixmes de grains et vins sur le fief de Runqueux* (hameau, commune de Bullion) ; *item une pièce de pré en la grande prairie de Boullon* (*Cart. des Vaux-de-Cernay*, II, 130).

[10] Bullion est ainsi désigné sur la *carte de Beauce* par N. Sanson d'Abbeville, géographe du Roy, à Paris, chez Pierre Mariette, 1652.

[11] C'est sous cette forme qu'il a encore aujourd'hui, que Bullion est porté sur la carte du diocèse de Chartres par Jaillot, en date de 1701.

En même temps que Bullion, le testament de Bertrand mentionne *inibi... locellum de Fontanido*. C'est le village de Fontenay-lés-Briis, non loin de Bullion [1]. Fontenay est également placé dans le *pagus Stampensis* par un acte original de l'année 670 [2].

Une autre villa est encore attribuée au territoire étampois par ce même document : *Villam Bobane, quae est in territorio Stampense, super fluvio Calla* [3]. *Villam Bobane* est aujourd'hui Boinville [4]. Le renseignement que fournit ici le testament de Bertrand est précieux en ce sens qu'il fait connaître l'ancien nom du ruisseau qui passe à Boinville. — La Chale (*Calla*) n'est point arrivée sous ce nom jusqu'à nous. Elle coule en effet tout à côté d'une autre petite rivière, appelée la Louette, qui vient se confondre avec elle auprès d'Etampes avant de se jeter dans la Juisne. La langue vulgaire, qui recherche les consonnances, fondit en un seul les noms de la Chale et de la Louette et désigna par Chalouette le ruisseau qui arrose Boinville, Chalou-Moulineux et Chalo-Saint-Mars [5], tandis qu'elle conservait le nom de Louette [6] à l'autre cours d'eau.

---

[1] Pardessus, *livre cité*, I, 202. Fontenay-lés-Briis (Seine-et-Oise), arrondissement de Rambouillet, canton de Limours. — Cette villa fut donnée par Bertrand en partie à l'église de Saint-Pierre et Saint-Paul du Mans, en partie à son parent Leuthramnus.

[2] Pardessus, *livre cité*, II, 159. Aux VII, VIII et IXe siècles, toute la vallée de l'Orge, au-dessus d'Arpajon, dépendait du pagus Stampensis. Plus tard, les villas de Limours, Bruyères-le-Chatel et Souzy-la-Briche, comme celle de Fontenay-lés-Briis, furent rattachées au Châtrais. Cf. Longnon, *Atlas historique*, p. 108 et 112.

[3] Pardessus, *livre cité*, I, 202. Bertrand donna Boinville à l'abbaye de Saint-Germain de Paris.

[4] Boinville, hameau, commune de Chalo-Saint-Mars (Seine-et-Oise), arrondissement et canton d'Etampes. Le *b*, placé dans les mots latins entre deux voyelles dont la première est un *o* ou un *u*, a le plus souvent disparu dans le français moderne. C'est ainsi que de *robiginare*, devenu *robilare*, est sorti le verbe *rouiller*. D'un mot barbare *nubaticum* est dérivé notre mot *nuage*. De même *Bobane villa* s'est transformé en *Boainville*, écrit aujourd'hui Boinville.

[5] C'est la Chale qui a dû donner son nom aux deux villages de Chalou et de Chalo.

[6] Au VIIe siècle, alors que la *Chalouette* s'appelait *Calla*, la *Louette* s'appelait *Loa* : *Theudericus Stampas per fluvium Loa pervenit* (Frédégaire, ch. 26, dom Bouquet, *R. des Hist.*, II, 422). Le diminutif de *Louette*, substitué plus tard au nom de la *Loue* (*Loa*) dut correspondre à une diminution dans le cours de cette rivière. Le déboisement considérable qu'a subi ce coin de la Beauce, pendant des siècles,

En terminant cette courte étude sur le testament de Bertrand, il convient de faire remarquer que les villages de Bullion, de Fontenay-les-Briis et de Boinville, étaient situés dans le *pagus Stampensis* tel que nous le font connaître les documents des VIIIe et IXe siècles. La délimitation des différents *pagi* de la cité chartraine remonte donc au temps même qui suivit la conquête de la Gaule par les Francs.

Le *pagus* était une circonscription administrative. Les premiers rois Francs s'y firent représenter par un officier appelé *comes*, comte, auquel ils déléguèrent le droit d'exercer à la fois, dans le *pagus*, le pouvoir judiciaire, le pouvoir militaire et le pouvoir administratif.

Par suite de cette triple autorité, dès le VIe siècle, les comtes de la région chartraine avaient acquis une influence considérable sur la population de cette contrée.

En 584, un violent conflit s'était élevé entre les habitants des pagi orléanais et blésois d'une part, et ceux des pagi dunois et chartrain de l'autre. L'on en était venu aux mains et la Beauce tout entière avait été pillée et saccagée. Les comtes, chargés de la garde des pays dévastés, intervinrent alors, et ordonnèrent une suspension d'armes jusqu'au jour où ils pourraient juger par eux-mêmes de quel côté étaient les torts et qui paierait les dégâts [1].

produisit en effet sur toutes les rivières de la région une évaporation très sensible et par suite un abaissement de niveau. C'est ainsi que la Conie, dans le Dunois, est aujourd'hui devenue intermittente. J'ai eu moi-même l'occasion d'observer un phénomène singulier relatif au desséchement de la Chalouette. — Dans le courant de 1887, on découvrit à Orlu, sur le canton d'Auneau, de vastes souterrains, que l'on prétendit tout d'abord avoir été creusés par les premiers habitants de la Gaule. En août 1888, avec plusieurs membres de la Société archéologique d'Eure-et-Loir, j'allai visiter ces souterrains, dont l'orifice se trouvait au milieu des champs et où l'on descendait par un puits d'environ dix mètres de profondeur. Il fut reconnu au premier coup-d'œil que ces longues galeries n'avaient point été creusées par la main de l'homme, mais on constata qu'elles étaient le résultat du passage continu d'un cours d'eau qui s'était frayé peu à peu son lit dans le calcaire. Après avoir étudié la direction de ce ruisseau desséché, l'on jugea qu'il devait sortir anciennement de terre dans une petite vallée où la Chalouette prend aujourd'hui sa source, à deux lieues en aval, près de Chalou-Moulineux. Il devint ainsi évident que c'était la Chalouette elle-même, l'ancienne *Calla*, qui avait autrefois coulé dans les souterrains d'Orlu.

[1] *Aurelianenses, cum Blesensibus juncti, super Carnotenses irruunt, eosque inopinantes proterunt: domos annonasque, vel quæ movere facile non poterant, incendio tradunt, pecora diripiunt, atque res quas levare poterant, sustulerunt: quibus discedentibus, conjuncti Dunenses cum reliquis Carno-*

Au commencement de l'année suivante, en 585, l'histoire mentionne le comte de Châteaudun. A cette date le roi Gontran envoyait à Tours un émissaire, chargé de faire périr Évroul, qui était accusé d'avoir assassiné le roi Chilpéric. L'émissaire de Gontran, étant passé par Châteaudun, avertit le comte de la ville, *comes loci*, de mettre à sa disposition trois cents hommes d'armes, pour garder toutes les portes et issues de la cité de Tours, afin qu'Évroul ne pût s'échapper [1].

Ces récits, empruntés à Grégoire de Tours, montrent que la situation politique et administrative des *pagi* chartrains était telle à la fin du VI° siècle qu'elle apparaît au commencement du IX°.

Toutefois, durant cette période de deux siècles, l'usage s'introduisit de confier souvent au même comte la garde de plusieurs *pagi*.

En 584, les villes de Blois, de Chartres et de Châteaudun avaient chacune un comte, *comes loci*. Depuis le IX° siècle, au contraire, le Dunois, le Chartrain et le Blésois furent presque toujours unis en un seul comté. On peut même dire que, depuis l'an 925 environ, ce fut une règle constante qui dura jusqu'au XIII° siècle.

Ces trois *pagi* néanmoins restèrent distincts les uns des autres ; le comte qui les gouvernait, tout en ayant à Blois sa résidence principale, maintint à Châteaudun et à Chartres le siège d'une administration particulière.

CHAPITRE II

LE COMTE DE BLOIS, GUILLAUME

Vers l'année 830, sous le règne de l'empereur Louis le Pieux, la majeure partie de la région qu'occupait autrefois la tribu

tenis de vestigio subsequuntur, simili sorte eos adficientes, qua ipsi adfecti fuerant, nihil in domibus, vel extra domos, vel de domibus relinquentes. Cumque adhuc, inter se jurgia commoventes, desaevirent,... intercedentibus comitibus, pax usque in audientiam data est, scilicet ut in die quo judicium erat futurum, pars, quae contra partem injuste exarserat, justitia mediante, componeret. Et sic a bello cessatum est (Grégoire de Tours, *Historia Francorum*, l. 7, c. II).

[1] Grégoire de Tours, *ibidem*, liv. 7, ch. XXIX.

gauloise des Carnutes était administrée par deux personnages appartenant à une puissante famille de race franque. Tous deux avaient le titre de comte ; ils étaient frères, et se nommaient Guillaume et Eudes. Guillaume avait reçu de l'empereur la garde des pays de Blois et de Châteaudun [1] ; Eudes celle du pays Orléanais. D'ailleurs chacun de ces gouvernements était d'étendue à peu près égale, et ils confinaient l'un à l'autre. Le premier avait Blois [2] pour ville principale, le chef-lieu du second était Orléans.

On ne sait pas qui était le père d'Eudes et de Guillaume, mais il est certain que c'était un personnage de haute naissance. Le comte Guillaume, en effet, dans un poème composé en son honneur, est représenté comme surpassant tous les Francs par l'antiquité et la noblesse de sa maison,

Francigenum primo, proavis abavisque peralto,
Guillelmo.... [3].

En faisant la part de l'exagération poétique, il reste certain

---

[1] Outre les pays de Blois et de Châteaudun, le comté qu'administrait Guillaume comprenait sans doute le pays de Chartres. En effet, à dater de l'époque où les textes authentiques fournissent des renseignements certains, c'est à dire dès le début du X⁰ siècle, on constate que les pays de Châteaudun et de Chartres ont toujours été gouvernés par un seul et même comte. Il y a tout lieu de supposer, bien que la rareté des chartes du IX⁰ siècle empêche de l'affirmer, que cet état de choses était plus ancien et que le Chartrain et le Dunois se trouvaient déjà réunis au temps de Louis le Pieux sous l'administration du comte de Blois, Guillaume. On verra dans la suite de ce travail que plusieurs indices semblent aussi prouver qu'Eudes, comte de Châteaudun sous Charles le Chauve, était en même temps comte de Chartres.

[2] Pendant toute la période où Chartres, Châteaudun et Blois furent entre les mains d'un même comte, ce fut à Blois que le comte établit sa résidence habituelle. Chartres cependant était alors une ville plus importante que Blois ; mais elle était le séjour de l'évêque, dont la puissance portait ombrage à celle du comte. Aussi celui-ci ne résidait-il que rarement dans la cité chartraine, et c'est pourquoi les évêques, au XIII⁰ siècle, imaginèrent et prétendirent que, jusque vers l'an mil, c'était à eux qu'avait appartenu le comté de Chartres. Ils firent rédiger en faveur de cette théorie, qui ne supporte pas l'examen, de longues dissertations, dont quelques-unes furent insérées dans les cartulaires du chapitre de la cathédrale. On peut lire en particulier celle qui se trouve dans la *Vieille chronique* (*Cartul. de N.-D. de Chartres*, par de Lépinois et L. Merlet, I, 44 et 45).

[3] La pièce de vers, à laquelle est empruntée cette citation, est rédigée sous forme d'acrostiche. Elle a été composée par un moine du nom de Gozbert et dédiée *ad Guillelmum, Biesensium comitem*. Cf. Duemmler, *Poetae latini aevi carolini*, t. I, p. 620-622.

qu'Eudes et Guillaume étaient issus, sinon de la plus noble, du moins d'une des plus nobles familles de l'empire franc. De même que les Hugues de Tours, les Mafroi d'Orléans, les Lambert de Nantes et tant d'autres, ils devaient être originaires de cette contrée, voisine des bords du Rhin, qu'on appelait alors *Francia*. Leurs ancêtres avaient été les compagnons, les égaux des aïeux de Charlemagne et de Louis le Pieux : quand la famille carolingienne fut montée sur le trône, ils formèrent l'entourage de cette nouvelle cour et devinrent les agents exécutifs du pouvoir central.

J'ai dit que le comté, confié par Louis le Pieux à Guillaume, comprenait les pays de Blois et de Châteaudun, qui étaient unis au point de vue administratif. En effet, du temps que Guillaume exerçait à Blois ses fonctions de comte, l'empereur, dans un diplôme, émané de sa chancellerie et daté de Chouppes [1], en Poitou, le 19 novembre 832 [2], désigne à plusieurs reprises la circonscription civile ou *pagus* dont dépendait la villa de Chambon [3], près de Blois, sous le nom de *pagus Blesensis vel Dunensis*. Les deux pagi étaient donc alors confondus en un seul.

D'ailleurs, le titre de comte du pays de Blois et Châteaudun n'était pas la seule distinction dont Guillaume se pouvait honorer. Il occupait à la cour impériale une haute charge militaire, celle de connétable, et, dans le poème, qui lui est

---

[1] Chouppes, Vienne, arr^t Loudun, c^{on} Monts.

[2] Voir *pièces justificatives*, n° II.

[3] Chambon, Loir-et-Cher, c^{on} Herbault, arr^t Blois. Dans ce diplôme, Louis le Pieux, à la prière de l'impératrice Judith, confirme à l'abbaye de Marmoutier, *villam nomine Cambonem, quae est in pago Blisense vel Dunense... cum locellis, quae ad eam pertinere videntur, id est Galliaco, Lurarias, Varennas, Culturas Villam Aitardi*. On lit encore plus loin : *Villam Cambonem, quae in præscripto pago Blisense vel Dunense sitam esse diximus.* — On peut identifier les villas dont il est ici question : toutes sont situées dans le *pagus Blesensis* proprement dit. *Lurarias* est Lourières, c^{ne} Chambon; *Varennas*, Varennes, c^{ne} Chambon; *Culturas*, Couture, c^{ne} Maves, arr^t Blois, c^{on} Mer; *Villam Aitardi*, Villetard, c^{ne} Maves. Quant à *Galliaco*, je pense qu'il faut l'identifier avec la villa de *Gilliaco, in pago Blesiacinse*, où l'évêque de Paris, Renaud, donna diverses terres à Marmoutier, en 995. (Cf. Mabille, *Cartul. de Marmoutier pour le Dunois*, charte n° 96). C'est aujourd'hui le lieu-dit Gély, c^{ne} de Chouzy, arr^t Blois, c^{on} Herbault. — Les comtes de Blois et leurs vassaux usurpèrent plus tard les biens de Marmoutier à Couture et à Villetard. On a conservé les chartes de restitution de ces biens. (Voir abbé Métais, *Cartulaire de Marmoutier pour le Blésois*, charte n° 4; et Mabille, *Cartulaire de Marmoutier pour le Dunois*, charte n° 98).

dédié, se trouve un passage qui fait sans doute allusion à cet office :

Rex cujus vexilla geris certando valenter.... [1].

Au IXe siècle, en effet, le connétable devait porter l'étendard royal à l'armée [2], et, bien que le roi, dont il est ici question, soit le Roi du ciel, il est présumable que la dignité officielle de Guillaume a inspiré ce vers au poète.

Le crédit dont Guillaume jouissait près de l'empereur explique la part importante qu'il prit, ainsi que son frère Eudes, aux guerres civiles qui désolèrent le règne de Louis le Pieux.

A la mort de son père Charlemagne, l'empereur Louis s'était entouré d'un grand nombre de conseillers et de favoris. Parmi ces derniers, les plus célèbres furent Hugues et Mafroi, l'un comte de Tours, l'autre comte d'Orléans. Ils étaient rapidement arrivés tous deux près du nouveau souverain au comble de la faveur ; leurs contemporains sont unanimes à témoigner de la grande influence qu'ils avaient acquise sur l'esprit de ce prince facile à capter [3].

En 821, Louis le Pieux avait donné en mariage à son fils aîné, Lothaire, Ermengarde, fille du comte Hugues [4]. Mais le

---

[1] Le titre de connétable est donné au comte Guillaume par un contemporain, l'Astronome, auteur de la *Vie de Louis le Pieux : Intra hujus hiemis durationem, gregatim populi tam Franciae quam Burgundiae necnon Aquitaniae sed et Germaniae coeuntes, calamitosis querelis de imperatoris infortunio querebantur. Et quidem in Franciam Eggebardus comes et Willelmus comes stabuli quos poterant sibi in unione voluntatis restituendi imperatoris coadunabant.* (Dom Bouquet, *Recueil des Hist.*, VI, 114). Cela se passait pendant l'hiver 833-834. Le zèle que déploie en cette circonstance le connétable Guillaume fait reconnaître en lui le comte de Blois du même nom, ce dévoué partisan de Louis le Pieux, qui, quelques mois plus tard, perdait la vie en combattant contre les complices de Lothaire révolté.

[2] La fonction de porte-étendard fut attribuée plus tard au sénéchal, qui, au IXe siècle, n'avait à la cour que des occupations domestiques. Pendant tout le moyen âge, en certains pays, le connétable conserva le titre et les fonctions de *signifer*. Voir Du Cange, au mot *Comes stabuli*.

[3] Cf. dom Bouquet, livre cité, VI, 43, 59, 259, 359.

[4] Dom Vaissète, dans une note de l'*Histoire du Languedoc* (nouv. éd., II, 352 et s.), s'est efforcé à tort de prouver que Hugues, comte de Tours, n'était pas le même que Hugues, beau-père de Lothaire. Ce qui l'a induit en erreur est un passage de la *Vie de Louis le Pieux*, composée par l'Astronome. Il y est dit qu'en 835 mourut Bérenger, fils de feu le comte Hunruoch (Pertz, *Scriptores*, II, 642). Les manuscrits portent en cet endroit : *Huronici quondam comitis* ; dom

mérite du comte de Tours n'était point à la hauteur de son crédit. Thégan le peint comme poltron par-dessus tous les hommes ; sa poltronnerie était même devenue légendaire, et ses familiers en avaient fait le sujet d'une chanson[1].

Du reste, il donna bientôt des preuves manifestes de son incapacité. Dans le courant de l'année 827, il fut envoyé, ainsi que Mafroi, à la frontière d'Espagne menacée par les Sarrasins. L'empereur les avait investis tous deux du commandement suprême sur les troupes cantonnées dans les marches de Septimanie. Mais ils se conduisirent en cette cir-

Bouquet avait cru devoir lire *H. Turonici quondam comitis*, et avait prétendu qu'il était ici question de Hugues, comte de Tours. Dom Vaissète, adoptant cette version, conclut que Hugues, comte de Tours, mort en 835 d'après ce texte, ne peut être le même que Hugues, beau-père de Lothaire, que l'on sait avoir péri de la peste en Italie dans le courant de l'année 836. Mais M. Simson a montré qu'il n'y a pas lieu d'altérer le texte de l'Astronome et que Bérenger était fils d'un comte Hunruoch connu d'ailleurs (*Iahrbücher*, II, 300). Ajoutons que la théorie de dom Vaissète, distinguant l'un de l'autre le comte de Tours et le beau-père de Lothaire, tombe devant le témoignage positif d'un contemporain. On lit dans la partie des *Annales Xantenses*, composée vers 850 : *anno 821... Ludewicus imperator dedit filio suo Lothario regi ad conjugium filiam Hugonis, comitis Turonicorum* (Pertz, *Scriptores*, II, 224). — En résumé, Hugues, comte de Tours, fut le père d'Ermengarde, femme de Lothaire ; il resta comte de Tours jusqu'en l'année 828, époque où il fut privé de ses honneurs à l'assemblée d'Aix-la-Chapelle. Il mourut de la peste en Italie pendant l'année 836.

Mabille, dans l'introduction aux *Chroniques des comtes d'Anjou*, a adopté l'avis de dom Vaissète relativement à Hugues, comte de Tours. Il prétend que dès 825 Hugues de Tours était mort et remplacé par le comte Robert que mentionne un capitulaire de Louis le Pieux. Mais ce Robert est simplement désigné par le capitulaire de 825 comme *missus dominicus* dans la province de Tours. La division territoriale, adoptée comme répartition des *missi* dans la Gaule en cette année 825, fut l'ancienne division romaine de ce pays en provinces : on n'a pour s'en convaincre qu'à parcourir l'adresse du *Capitulare missorum* (Pertz, *Leges*, I, 216), où chaque province est désignée par sa métropole. Robert eut donc à exercer ses fonctions sur la province de Tours qui comprenait les six pagi de Tours, Angers, Nantes, Vannes, Rennes et le Mans. Il est certain que l'empereur prenait généralement ses *missi* parmi les comtes de la région où était ordonné le *missaticum*. En 825, Hugues était comte de Tours, Lambert, comte de Nantes, Gui et Rorigon, comtes du Maine, chargés en même temps de la surveillance des marches de Bretagne, l'un dans le comté de Vannes, l'autre dans le comté de Rennes : Robert devait donc être comte d'Angers. Robert a été considéré par plusieurs historiens comme frère de Guillaume de Blois (Du Bouchet, *Origines de la Maison de France*, pages 165-170). Cette hypothèse me paraît assez plausible, mais on ne saurait l'appuyer d'aucune preuve.

[1] *Lotharius... suscepit in conjugium filiam Hugonis comitis, qui erat de stirpe cujusdam ducis, nomine Edith, qui erat timidus super omnes homines. Sic enim cecinerunt ei domestici sui, ut aliquando pedem foris sepem ausus ponere non fuisset* (Thégan, ad an. 821, dom Bouquet, livre cité, VI, 80).

constance avec une lâcheté si révoltante qu'ils soulevèrent contre eux l'opinion publique et s'attirèrent le blâme de l'empereur lui-même [1]. Ce fut pour eux la cause d'une disgrâce complète et pour Louis le Pieux le commencement d'une longue série de malheurs domestiques.

En février 828, Hugues et Mafroi furent dépouillés de leurs dignités à l'assemblée d'Aix-la-Chapelle [2], et, tandis que Bernard, duc de Septimanie, réparait leurs fautes par ses succès en Espagne, le comté d'Orléans, enlevé à Mafroi, était donné à Eudes, frère du comte de Blois, Guillaume [3].

Suivant l'opinion de leurs contemporains, Hugues et Mafroi avaient mérité la mort, et l'empereur avait montré la plus grande miséricorde en ne les faisant pas périr [4]. Mais Louis le Pieux eut bientôt à se repentir de sa clémence. Les deux comtes disgraciés ne lui pardonnèrent jamais d'avoir été privés de leurs honneurs, et, dès ce jour, ils n'eurent point de relâche qu'ils n'eussent provoqué les plus grands désordres dans l'Empire.

Tandis que Hugues, usant de son influence sur l'esprit de Lothaire, son gendre, l'excitait contre le jeune prince Charles, fils de la nouvelle impératrice Judith [5], Mafroi, demeuré en Aquitaine, agissait près du frère de Lothaire, Pépin, qui gouvernait cette province, et le poussait à se révolter contre la puissance toujours grandissante du duc de Septimanie, Bernard.

---

[1] Dom Bouquet, *ibidem*, VI, 108.

[2] *Ibid.*, VI, 312.

[3] *Siquidem Matfrido, comite quondam Aurelianensi, ob culpam inertiae propriis honoribus privato, Odo in ejus locum substituitur* (*Miracula sancti Benedicti*, édit. de la Soc. de l'Hist. de France, p. 47.)

[4] *Hos ergo solummodo honoribus ademptis luere jussit imperator culpam hujus ignaviae. Equidem imperatoris animus, natura misericordissimus, semper peccantibus misericordiam prerogare studuit. At vero hi, in quibus talia prestita sunt, quomodo clementia illius abusi sunt in crudelitatem post pauca patebit, cum claruerit quomodo pro vitae beneficio summam ei, quantum in se fuit, importaverint cladem* (Astronome, dom Bouquet, VI, 109).

[5] Nithard raconte que Lothaire avait promis à son père, Louis le Pieux, de prendre sous sa protection son jeune frère Charles, mais qu'incité à la jalousie par Hugues et Mafroi, il s'était bientôt repenti de sa promesse. *Instigante autem Hugone, cujus filiam in matrimonium Lodharius duxerat, ac Mathfrido celerisque, sero se hoc fecisse penituit, et quemadmodum illud quod fecerat annullare posset quaerebat* (D. Bouquet, VI, 67, 68).

Louis le Pieux, au milieu du mois d'août 829, convoqua à Worms une assemblée de la nation. Là, instruit des machinations clandestines ourdies contre lui par ceux auxquels il avait conservé la vie, il résolut d'opposer à leurs sourdes menées le duc Bernard, qu'il éleva à une des plus hautes charges de son palais. « Ce qui, dit l'Astronome, n'étouffa » point le germe des discordes, mais le développa bien plu- » tôt [1]. »

La révolte en effet ne tarda pas à éclater ouvertement. Elle s'organisa dès le début de l'année suivante, 830, pendant le Carême, et tandis que Louis le Pieux, sur les conseils de Bernard, dirigeait une expédition en Bretagne [2]. Hugues et Mafroi étaient enfin parvenus à se concilier de puissants alliés. Forts de cet appui, ils vont trouver Pépin en Aquitaine, lui représentent son abjection et l'insolence de Bernard qu'ils accusent d'être l'amant de l'impératrice Judith. Ils lui disent qu'un bon fils ne peut supporter de sang-froid le déshonneur de son père, et qu'en renversant Bernard il accroîtra non seulement la renommée de sa vertu, mais aussi son royaume terrestre. Séduit par leurs paroles, Pépin se décide à les suivre. — Mafroi cependant ne perdait pas de vue ses propres intérêts. Ayant entraîné Pépin contre l'empereur, il le conduit par Orléans, et, après avoir chassé Eudes de cette ville, il se fait restituer le comté [3].

---

[1] *In eo etiam conventu comperiens clandestinas contra se eorum quos vitae reservaverat machinationes more cancri serpere et multorum animos quasi per quosdam cuniculos sollicitare, statuit contra eos quoddam propugnaculum erigere. Nam Bernardum, catenus Hispaniarum partium et limitum comitem, camerae suae praefecit. Quae res non seminarium discordiae extinxit, sed potius augmentum creavit* (Astronome, dom Bouquet, VI, 110).

[2] *Anno 830. — Conventus [Aquisgrani] factus est, in quo [imperator] statuit cum universis Francis hostiliter in partes Britanniae proficisci, maximeque hoc persuadente Bernardo camerario. Et non multo post Aquis exivit, id est IV feria, quae dicitur caput Jejunii (2 mars 830) (Ann. Bertin.,* dom Bouquet, VI, 192).

[3] *Freti ergo multitudine et assensu plurimorum filium imperatoris, Pippinum, adeunt, pretendentes abjectionem sui, Bernardi insolentiam et caeterorum despectionem, asserentes etiam eum, quod dictu nefas est, thori incestatorem paterni, porro patrem adeo quibusdam elusum prestigiis, ut haec non modo non vindicare, sed nec advertere posset. Oportere ergo dicebant bonum filium indigne ferre dedecus paternum patremque restituere et menti et dignitati, et haec agentem non solum fama prosequeretur virtutis, sed etiam amplificatio regni terrestris, hoc nomine pretexentes culpam. His ergo allectus*

La conséquence de cet acte fut de créer en Neustrie deux partis désormais irréconciliables : d'un côté, Hugues et Mafroi, qui avaient su gagner à leur cause Lambert, comte de Nantes ; de l'autre, Eudes et Guillaume, qui devinrent dès lors et restèrent jusqu'à leur mort les plus zélés défenseurs de l'empereur.

D'Orléans, les révoltés se dirigèrent sur Compiègne, où Louis le Pieux, ayant renoncé à son expédition de Bretagne, s'était retiré avec quelques fidèles. Hugues et Mafroi pensèrent un instant à déposer l'empereur, mais ils en furent détournés par Louis le Germanique, son second fils[1].

Toutefois l'impératrice Judith fut contrainte de prendre le voile : le duc Bernard, prévenu à temps, s'était enfui vers l'Espagne. A ces nouvelles, Lothaire, qui, l'année précédente, avait été envoyé en Italie par son père, arriva en toute hâte à Compiègne (mai 830) : aussitôt toute la faction hostile à l'empereur se donna à lui[2].

Lothaire semble s'être sur-le-champ emparé du pouvoir : il sévit immédiatement contre ceux qui défendaient la cause de Judith et de Bernard, dont les relations prétendues trop intimes avaient servi de prétexte à la révolte. Eudes, qui venait d'être dépouillé par Mafroi de son comté d'Orléans, fut dégradé et envoyé en exil, comme ayant ouvertement protesté contre les ennemis de l'impératrice et de Bernard[3].

Cependant toutes ces persécutions, accomplies contre le gré de Louis le Pieux, nuisirent au parti des révoltés ; elles soulevèrent contre eux bien des gens, notamment les peu-

---

incitamentis, juvenis cum eis et suorum multis copiis per Aurelianensem urbem, sublato inde Odone et restituto Matfrido, Werimbriam usque venerunt (Astronome, dom Bouquet, VI, 110).

[1] On lit dans Thégan que, l'empereur étant à Compiègne, *venit ei obviam Pippinus, filius ejus, cum magnatibus primis patris sui, Hilduino archicapellano et Jesse, Ambianensi episcopo, Hugone et Mathfrido et multis aliis perfidis, et voluerunt dominum imperatorem de regno expellere, quod prohibuit dilectus aequivocus filius ejus* (dom Bouquet, VI, 80).

[2] *Circa maium porro mensem filius imperatoris, Lotharius ex Italia venit eumque in Compendio reperit. Ad quem venientem tota se illa contulit factio imperatori inimica* (Astronome, dom Bouquet, VI, 111).

[3] *Heribertus, Bernardi frater, luminum amissione mulctatus est contra votum imperatoris; Odo, consobrinus illius, armis ablatis, exilio deportatus, tanquam eorum, qui Bernardo et reginae adclamabantur, conscii et fautores.* (Astronome, dom Bouquet, VI, 111).

ples de la région rhénane restés étrangers à ces dissensions. Bientôt même l'empereur eut recouvré assez d'autorité pour faire décréter la tenue d'une assemblée générale à Nimègue, chez des populations qui lui étaient dévouées. La diète eut lieu au mois d'octobre 830 ; elle marqua la fin de cette première discorde civile. Louis le Pieux, s'y sentant appuyé par le plus grand nombre, agit avec énergie : il fit arrêter les principaux séditieux qui avaient excité contre lui ses fils Lothaire et Pépin. Au mois de février 831, Hugues, Mafroi et plusieurs autres étaient condamnés à mort par l'assemblée d'Aix-la-Chapelle : l'empereur leur fit encore grâce de la vie et se contenta de les exiler ou emprisonner sous bonne garde. Le comte Eudes revint en faveur : il reçut à nouveau le comté d'Orléans et le conserva depuis lors jusqu'à la fin de sa vie[1].

La paix ne fut pas de longue durée. Il paraît constant que là où se trouvait Mafroi, l'esprit de sédition était avec lui. Détenu en Allemagne par ordre de l'empereur, il sut obtenir sa liberté de Louis le Germanique[2]. On le voit, dès le début de l'année 832, inspirant à ce prince des idées de révolte contre l'autorité paternelle[3]. Louis était jusque-là le seul des fils de l'impératrice Ermengarde qui eût conservé pour son père le respect qu'il lui devait ; mais, sous l'influence pernicieuse de Mafroi, il se corrompit peu à peu. Quant à Mafroi, dès qu'il se vit libre, son premier soin fut de reformer la ligue rompue par l'assemblée de Nimègue. La haine qu'il avait vouée à Louis le Pieux était implacable.

Il serait trop long de dire comment se réorganisa la révolte dont les promoteurs principaux furent encore Hugues, Mafroi et Lambert, le comte de Nantes. Les trois fils de Louis le

---

[1] Adrevald nous apprend en effet qu'Eudes était encore comte d'Orléans, lorsqu'il périt dans un combat contre Mafroi, Hugues et Lambert en 834. Cf. *Miracula sancti Benedicti*, édition de la Société de l'Histoire de France, p. 48 et suivantes.

[2] *Hi [Lodhuwicus] et Pippinus... Walanam, Elisachar, Mathfridum ceterosque, qui in exilium retrusi fuerant, custodia emittunt* (Nithard, dom Bouquet, VI, 68).

[3] A cette date, un chroniqueur contemporain montre Mafroi excitant Louis le Germanique contre son père : *Et hoc maxime Mathfridus dolose meditatus et machinatus est, cui domnus imperator, anno priore, cum ad mortem dijudicatus fuerat, vitam et membra et hereditatem habere concessit* (Ann. Bert. ad an 832, dom Bouquet, VI, 194).

Pieux y trempèrent, et l'on sait comment, au mois de juin 833, ils s'emparèrent de leur père, à Rothfeld près Colmar [1]. Ils lui enlevèrent toute autorité et le donnèrent en garde à Lothaire, après avoir partagé l'Empire entre eux.

Lothaire, comme aîné de ses frères, s'attribua le titre et la puissance de l'empereur : il prit pour conseillers Lambert et Mafroi, qui s'attachèrent désormais entièrement à lui. Mais la mutuelle ambition de ces deux comtes leur devint funeste : les disputes incessantes qui s'élevaient entre eux furent une des causes premières de la chute de Lothaire et du revirement qui s'opéra dans l'esprit du peuple et des autres fils de Louis le Pieux. « Tandis que Lambert et Mafroi, écrit » Nithard, se disputaient pour savoir qui d'entre eux serait » dans l'Empire le second après Lothaire, et qu'ils cher- » chaient avant tout leur propre intérêt, ils négligeaient » complètement les affaires publiques ; ce que voyant, le » peuple en était indigné [2]. »

Dans toutes ces circonstances, le rôle de Hugues, comte de Tours, semble avoir été assez effacé. Lothaire faisait sans doute peu de cas du mérite de son beau-père, et, de fait, on devait fortement mépriser, en ces temps où la bravoure était comme de règle, un homme traité publiquement de poltron.

Durant les quelques mois que Lothaire fut au pouvoir, Mafroi paraît avoir été trop gravement préoccupé pour inquiéter de nouveau Eudes, son ancien ennemi, qui se maintint en possession du comté d'Orléans. Eudes, du reste, ne demeurait point inactif. De concert avec Guillaume, son frère, et quelques autres puissants personnages, il soutenait ouvertement le parti de l'empereur, et, parcourant, sans relâche, les pays situés au nord de la Loire, il excitait la colère du peuple contre les traitements indignes que Lothaire faisait subir à son père [3].

---

[1] Voir Himly, *Wala et Louis le Débonnaire*, pages 152 à 166.

[2] *Insuper autem, dum huc Lambertus atque Mathfridus, quis illorum secundus post Lodharium in imperio haberetur, ambigerent, dissidere ceperunt. Et quoniam quisque eorum propria querebat, rempublicam penitus negligebant ; quod quidem populus cernens, molestus erat* (Nithard, dom Bouquet, VI, 69).

[3] Voir plus haut, page 15, note 1.

Guillaume, ainsi qu'un comte nommé Eggebard, employèrent même une partie de l'hiver 833-834 à rassembler une petite armée destinée à tenter un coup de main en temps opportun. Au mois de février 834, une occasion favorable se présenta. Lothaire revenait du Hasbain vers Paris, emmenant son père avec lui : Eggebard et Guillaume s'apprêtaient à arracher l'empereur des mains de son fils. Louis le Pieux, instruit de leur dessein, les fit supplier de renoncer à un projet qui eût entraîné l'effusion du sang.

Lothaire parvint ainsi sans coup férir au monastère de Saint-Denis [1]. Cependant de tous côtés les plaintes s'élevaient contre lui. Au commencement du Carême (février 834), les partisans de Louis le Pieux députèrent à Paris plusieurs d'entre eux : on enjoignit à Lothaire de mettre en liberté son père qu'il traitait comme un prisonnier. Eudes d'Orléans prit part à ces pourparlers [2], dont le résultat fut que Lothaire, se voyant menacé d'un côté par les seigneurs indignés de sa conduite, de l'autre par ses frères jaloux de sa puissance, prit la fuite tout à coup et ne s'arrêta qu'en Provence. En même temps, Mafroi et Lambert, oubliant des querelles personnelles dans un péril commun, se retirèrent promptement tous deux vers l'ouest de la Gaule. Mais ils ne voulurent à aucun prix se rendre à Louis le Pieux ; ils demeurèrent sur le pied de guerre et désolèrent le pays où ils avaient fui avec leurs complices.

C'était, comme nous l'apprend Nithard, la marche de Bretagne [3]. Lambert étant comte de Nantes, sa première pensée avait été de chercher refuge en cette région. La marche de

[1] *Et quidem in Franciam Eggebardus comes et Willelmus comes stabuli, quos poterant sibi in unione voluntatis restituendi imperatoris coadunabant... Hieme autem exacta et vere adpropinquante, Lotharius, patre assumpto, per pagum Hasbaniensem iter arripuit et Parisius urbem petiit, ubi obviam sibi cunctos fideles fore precepit. Cui Eggebardus comes et alii alius pagi proceres cum magna coacta manu, obviam, pro liberatione imperatoris pugnaturi, processerunt, pervenissetque res ad effectum nisi piissimus imperator, cavens et multorum periculum simul et proprium, ab hoc incepto precepto et obtestatione eos inhibuisset. Tandem ergo perventum est ad monasterium Sancti Dyonisii martyris* (Astronome, dom Bouquet, VI, 114, 115).

[2] *Commandati sunt Guerinus comes et Odo, necnon Fulco et Hugo abbates ad se venirent* (Astronome, dom Bouquet, VI, 115).

[3] *Per idem tempus Mathfridus et Lambertus, ceterique a parte Lodharii penes marcam Britannicam morabantur* (Dom Bouquet, VI, 69).

Bretagne s'étendait alors non seulement sur le Nantais, mais encore sur une grande partie du pays de Vannes où commandait Gui, parent de Lambert[1]. Soit du consentement de Gui, soit contre son gré, les deux partisans de Lothaire occupèrent ce territoire et s'y apprêtèrent à la résistance.

Louis le Pieux, irrité, ordonna à Eudes d'Orléans de se mettre avec Guillaume, son frère, à la tête des fidèles d'entre Seine et Loire pour réduire à l'impuissance Lambert et Mafroi[2]. Eudes assembla son armée dans les environs d'Orléans. Adrevald, moine de Saint-Benoît-sur-Loire, raconte les brigandages auxquels se livrèrent en toute cette contrée les soldats que le comte d'Orléans avait fait venir de la Bourgogne supérieure[3]. L'on se mit en marche trois jours après l'arrivée des auxiliaires bourguignons. Confiant dans leur nombre bien supérieur à celui des ennemis, les troupes de l'empereur agirent sans prudence aucune : le désordre et les dissensions se glissèrent dans leurs rangs, tandis que la faiblesse même des révoltés, rendant nécessaire pour eux une union parfaite, les fit redoutables[4].

Le projet du comte Eudes était de chasser Lambert et Mafroi du pays qu'ils occupaient[5] : par suite, la rencontre des deux partis devait avoir lieu sur les marches de Bretagne. Mais les alliés de Lothaire ne laissèrent pas leurs adversaires parvenir au but. Ils fondirent sur eux à l'improviste[6] et les mirent en complète déroute.

Suivant toute vraisemblance, l'engagement eut lieu en

---

[1] Voir de la Borderie, *Examen chronologique des chartes du Cartul. de Redon, Bibliothèque de l'École des Chartes* (année 1861, p. 271). Gui apparait jusqu'en 832 dans les chartes du cartulaire de Redon. On doit, je crois, l'identifier avec Gui, comte du Maine, lequel périt, en 834, dans le combat où furent tués Guillaume de Blois et Eudes d'Orléans.

[2] *Ad quos [Mathfridum et Lambertum] pellendos, missus est Uodo et omnes inter Sequanam et Ligerim degentes* (Nithard, dom Bouquet, VI, 69).

[3] *Miracula sancti Benedicti*, p. 48.

[4] *Et hos quidem paucitas ac per hoc summa necessitas unanimes effecit. Uodonem autem et suos maxima multitudo securos, discordes et inordinatos reddidit* (Nithard, dom Bouquet, VI, 69).

[5] *Odo comes et alii multi imperatoris partibus faventes contra eos arma corripiunt eosque pellere illis nitebantur locis, aut certe cum eis congredi* (Astronome, dom Bouquet, VI, 116).

[6] *Dum enim insperato illis hostes supervenirent (Ibidem).*

Touraine[1]. Eudes et son frère Guillaume y perdirent la vie ; d'après Nithard, le nombre des morts fut considérable. On comptait parmi eux Théoton, abbé de Marmoutier et chancelier de Louis le Pieux, les comtes Vivien, Fulbert, Gui et bien d'autres [2] (juin 834).

Il me reste à dire comment se termina cette guerre civile. Lothaire, rapidement averti du succès inespéré remporté par les siens, quitta la Provence pour venir se joindre à Lambert et à Mafroi. Quant à ceux-ci, ne trouvant plus désormais d'obstacles à leurs envahissements, ils se répandirent dans les pays proches de la Loire et particulièrement dans le Blésois, le Dunois et le Chartrain, privés alors de leur défenseur, le comte Guillaume.

L'empereur forma en toute hâte, vers le milieu du mois d'août, une armée à Langres et la conduisit lui-même dans les régions envahies. Après avoir chassé les révoltés hors de la Beauce, il les poursuivit dans le Maine [3]. Alors Lothaire, arrivé de Provence, se mit à la tête des troupes de Lambert et de Mafroi. Il établit son camp près de celui de son père, tout à côté de Saint-Calais [4], et y demeura quelques jours

---

[1] La bataille dut se livrer hors la marche de Bretagne qu'occupaient Lambert et Mafroi. Adrevald rapporte qu'un fuyard qui avait assisté au combat arriva deux jours plus tard au monastère de Saint-Benoît-sur-Loire. On peut supposer que ce fuyard avait fait en ces deux jours une quarantaine de lieues : c'est à peu près la distance qui sépare Saint-Benoît-sur-Loire de la Touraine. De plus, la présence de Vivien, comte de Tours, et surtout de Théoton, abbé de Marmoutier, parmi les combattants, donnerait à penser que le lieu de la bataille n'était pas très éloigné de Tours. — Sur la date de ce combat, voir Simson, *Iahrbücher... unter Ludwig dem frommen*, II, 105, note 4.

[2] *Cecidit Uodo et Odo, Vivianus, Fulbertus ac plebis innumera multitudo* (Nithard, dom Bouquet, VI, 69). — *Interfecti sunt Odo et Willelmus, frater ejus, ac Fulbertus, comites, et Theoto, monasterii Sancti Martini abbas, et alii quamplures* (Ann. Bert., ad an. *834*, dom Bouquet, VI, 196). — *Ductores belli, Odonem, fratremque illius Guillelmum, comitem Blesensium, Teutonem denique, abbatem Sancti Martini, Guidonem, comitem Cenomanensem... mortem* [oppetierunt] (*Miracula Sancti Benedicti*, p. 51).

[3] *Imperator convocavit exercitum Lingonis, medio mense augusto... ad liberandum populum contra invasores regni... per Tricassinorum et Carnotum ac Dunensium regiones juxta Blisum castellum... pervenit* (Ann. Bert., ad an. *834*, ibidem).

[4] *A Matualis.* L'emplacement de cette villa n'est pas exactement connu, mais il est certain que ce fut sur son territoire que fut construite l'abbaye de Saint-Calais, aujourd'hui chef-lieu d'arrondissement du département de la Sarthe.

sans rien tenter; puis, une nuit, il s'éloigna tout à coup et rétrograda vers le sud[1]. L'empereur, accompagné de son fils, Louis le Germanique, le poursuivit de près et l'accula dans une sorte de presqu'île, formée par la Loire et par la Cisse, à l'endroit où se trouve le village de Chouzy[2].

Là, Pépin, à son tour, vint grossir de ses troupes l'armée impériale. Lothaire, ne voyant plus le moyen de résister à des forces supérieures aux siennes, se rendit, à condition qu'on lui permît de se retirer au-delà des Alpes. Thégan raconte avec détail comment Lothaire fit sa soumission à son père dans le camp de Chouzy :

« L'empereur, dit-il, était assis sur un trône élevé, au
» milieu d'une grande plaine, d'où son armée entière pou-
» vait le contempler; ses fils fidèles avaient pris place à ses
» côtés. Alors arriva Lothaire qui se jeta aux pieds de l'em-
» pereur; Hugues le poltron, beau-père de Lothaire, puis
» Mafroi et les autres chefs de la révolte firent de même :
» ils confessèrent tous avoir gravement failli à leur devoir.
» Lothaire jura fidélité à l'empereur, et promit qu'il allait
» immédiatement passer en Italie, d'où il ne sortirait qu'avec
» la permission paternelle: les autres prêtèrent un semblable
» serment. Après quoi, Louis le Pieux, toujours indulgent,

---

[1] *Lotharius inde Aurelianam urbem pervenit; deinde in pagum Cenomannicum, in villam cujus vocabulum est Matualis, devenit... Lotharius, jam suis receptis, non multo intervallo a patre castra fixit; ibique quatuor diebus, legatis intercurrentibus, moratum est. Quarta sane nocte, Lotharius cum suis omnibus referre pedem in posteriora cepit* (Astronome, dom Bouquet, VI, 116, 117).

[2] Chouzy, Loir-et-Cher, arr¹ Blois, c⁰ⁿ d'Herbault. — L'identification du lieu où Louis le Pieux et Lothaire se rencontrèrent n'a pas été faite par les historiens allemands qui se sont occupés de la vie de l'empereur Louis le Pieux. Ce lieu est d'ailleurs désigné d'une manière certaine par les divers chroniqueurs du temps. On lit dans Nithard : *juxta villam quae Calviacus dicitur castra ponunt.* L'Astronome précise cette indication : *Perventum est ad fluvium Ligerim, prope castrum Blesense, quo Ciza fluvius Ligeri confluit.* La Ciza est la Cisse, rivière qui anciennement avait son confluent près de Blois à Chouzy. *Calviacus* est Chouzy. Dans un récit de translation de reliques écrit au IXᵉ siècle, on voit qu'en 817 Renaud, abbé de Marmoutier, rapportant de Rome les reliques de saint Gorgon s'arrêta entre Orléans et Tours à *Calviacum, villam Majoris Monasterii* (Mabillon, *Acta SS. ord. S. Bened.*, sæc. IV, pars I, p. 595). Or la route d'Orléans à Tours suit la vallée de la Loire et, à mi-chemin environ, se trouve Chouzy, où l'abbaye de Marmoutier avait un prieuré. Du reste, au point de vue philologique, la transformation de *Calviacum* en Chouzy s'explique assez régulièrement.

»" leur pardonna ; et Lothaire, quittant la Cour, se dirigea
» aussitôt vers l'Italie avec ses complices[1]. ».

Deux ans plus tard, une affreuse peste, qui ravagea l'Italie entière, enlevait à la fois les comtes Mafroi, Hugues et Lambert (septembre-octobre 836)[2]. La mort des deux frères Eudes et Guillaume fut ainsi vengée tout d'un coup[3].

CHAPITRE III

LE COMTE EUDES ET SES FILS

Le pays qu'avait administré le comte de Blois, Guillaume, fut, après sa mort, démembré en deux comtés. A Blois, Guillaume eut pour successeur le comte Robert, devenu célèbre sous le nom de Robert le Fort ; à Châteaudun, il fut remplacé par le comte Eudes, qui joua également, sous le règne de Charles le Chauve, un rôle politique important.

J'ai déjà exposé ailleurs[4] les raisons qui me font considérer Robert le Fort et Eudes comme étant fils tous deux du comte de Blois, Guillaume. A la vérité, aucun document contemporain de ces personnages, ne permet d'affirmer que c'est là un fait certain : il est extrêmement rare en ces époques reculées de trouver des témoignages positifs, indiquant nettement la filiation des divers représentants de l'aristo-

---

[1] *Postquam venit Lotharius, ubi erat imperator, pater ejus, sedens in papilione suo qui erat extensus valde in altum in campo magno, ubi eum exercitus omnis contemplabatur, et filii ejus fideles steterunt juxta eum. Tunc Mathfridus et ceteri omnes qui primi erant in facinore illo, postquam surrexerunt de terra, confessi sunt se valde deliquisse. Post haec Lotharius juravit patri suo fidelitatem…, et ut iret in Italiam et ibi maneret, et inde non exiret nisi permissione patris : tunc juraverunt et ceteri. Post haec piissimus princeps indulgentiam dedit eis… Diviserunt se ibi, et Lotharius perrexit in Italiam cum consentaneis suis* (Thégan, dom Bouquet, VI, 84 et 85).

[2] Cf. Astronome, dom Bouquet, VI, 119.

[3] Je me suis uniquement occupé dans tout ce récit de montrer le rôle politique que jouèrent de 830 à 834 les comtes d'Orléans, de Blois, de Tours et de Nantes. En ce qui regarde Hugues et Mafroi, les historiens français ou allemands, qui ont étudié cette époque, paraissent généralement ne pas avoir été frappés de ce fait que la haine, vouée par ces deux comtes à Louis le Pieux, fut la cause première de tous les malheurs qui fondirent alors sur l'Empire.

[4] *Origine de Robert le Fort* dans les *Mélanges J. Havet* (Paris, Leroux, 1895, in-8º), p. 97-109.

cratie franque; mais un certain nombre d'indices, disséminés dans les chroniques et les chartes, indices qu'il serait trop long d'énumérer ici et que je signalerai dans la suite de ce récit, tendent à créer dans l'esprit la conviction qu'Eudes et Robert étaient frères. Si donc le comté de Blois, après la mort de Guillaume, fut scindé en deux parts, et si cette scission fut opérée en faveur des deux frères, Eudes et Robert, c'est qu'en réalité ceux-ci étaient fils de Guillaume[1]. Je le répète, il n'y a pas là certitude absolue, mais je pense que cette hypothèse recevra une certaine force grâce à la lumière qu'elle jette sur des évènements assez obscurs.

De la succession du comte Guillaume, Robert le Fort reçut donc le gouvernement du pays blésois[2], Eudes celui du pays dunois[3] et aussi, suivant toutes probabilités, du pays char-

[1] Cette filiation a déjà été admise par un grand nombre d'érudits. De nos jours, M. An. de Barthélemy, dans une intéressante étude, intitulée *Origines de la Maison de France* (*Rev. des quest. hist.*, année 1873), a savamment soutenu que Robert le Fort était fils de Guillaume, comte de Blois. — D'autre part, en ce qui concerne le comte Eudes, tous les historiens se sont accordés à lui donner Guillaume pour père (Cf. Du Bouchet, *La véritable origine de la Maison de France*, Paris, 1646, in-folio; Bernier, *Histoire de Blois*, Paris, 1682, in-4º, etc.). — N'étant point le premier à proposer cette solution d'un problème qui a préoccupé beaucoup de savants, je m'efforcerai simplement d'ajouter de nouveaux arguments à ceux qui ont été déjà fournis en faveur de cette thèse.

[2] Robert le Fort est, après Guillaume, le premier comte de Blois signalé dans les chartes. Au mois de mai 865, il échangea avec Actard, évêque de Nantes, diverses terres dépendantes de son comté de Blois. Cet acte d'échange a été plusieurs fois publié: la meilleure édition en a été donnée par Mabille (*Introduction aux Chroniques des comtes d'Anjou*, p. 89-91). Dans les années qui suivirent la mort de Robert le Fort, le comté de Blois fut administré, semble-t-il, par son fils aîné, Eudes. Quand Eudes fut élu roi en 888, il abandonna cette charge à son frère Robert. Celui-ci resta comte de Blois jusqu'en l'année 922, époque où il devint lui-même roi des Francs. M. Éd. Favre s'est montré bien sceptique à l'égard de cette transmission si naturelle du comté de Blois aux fils de Robert le Fort (Cf. *Eudes, comte de Paris et roi de France*, Paris, 1893, in-8º, p. 12 et 13, note 1).

[3] Tous les historiens blésois ont jusqu'aujourd'hui prétendu à tort qu'Eudes avait été comte de Blois après son père Guillaume. Cette erreur remonte à Du Bouchet, qui a publié une charte, tronquée et corrompue à dessein, où Eudes se dit comte de Blois (*Origine de la Maison de France*, preuves, p. 251). Le titre de *comes blesensis*, attribué à Eudes par cette charte, aurait dû de prime abord paraître suspect; car, dans les actes du IXº siècle, les comtes s'intitulent généralement *comes*, sans ajouter de quel *pagus* ils sont comtes. On a d'ailleurs la preuve que Du Bouchet a fait un faux en cette circonstance. La charte qu'il a éditée se trouvait authentique dans la *Pancarte noire* de Saint-Martin de Tours. Plusieurs copies nous en ont été conservées (Voir plus loin, *pièces justificatives*, nº III). Eudes y prend simplement le titre de comte:

train[1]. Ces trois comtés furent, après la mort de Guillaume, successivement réunis aux royaumes que l'empereur Louis le Pieux forma pour son fils Pépin en 835, puis pour Charles le Chauve en 838[2]. Deux ans plus tard, Louis le Pieux mourait près de Mayence (20 juin 840). De violentes dissensions éclatèrent alors entre ses quatre fils au sujet du partage de l'Empire; elles durèrent jusqu'au jour où fut conclu le traité de Verdun (août 843). Aux termes de ce traité, la région d'entre Seine et Loire, dont dépendaient les pays de Blois, de Châteaudun et de Chartres fut attribuée à Charles le Chauve.

Ce prince, fils de Louis le Pieux et de l'impératrice Judith, dont Guillaume de Blois avait autrefois vaillamment défendu la cause, combla de ses faveurs les comtes Eudes et Robert, et il ne tarda pas à en faire deux des plus puissants dignitaires de ses États. Dès les premières années de son règne, il leur avait concédé, semble-t-il, divers biens, dépendants de l'évêché de Reims, alors vacant. Hincmar, élu archevêque de Reims le 3 mai 845, se fit restituer, quelques mois après son élection, les villas épiscopales que Charles le Chauve avait illicitement données à ses fidèles. Dans le diplôme de restitution sont mentionnés Eudes et Robert, ainsi que Donat, comte de Melun[3], et plusieurs autres[4].

La première fois que l'on voit le comte Eudes intervenir dans les affaires politiques de ce temps, c'est durant les guerres qui eurent lieu en Aquitaine entre Charles le Chauve et son neveu Pépin.

---

l'acte est passé publiquement à Châteaudun, au mois de mai 846, en présence des *boni homines* qui y souscrivent. Eudes y agit comme comte de Châteaudun et non comme comte de Blois.

[1] Voir plus haut, p. 13, note. 1. — La suite de ce récit montrera que l'autorité du comte Eudes ne s'étendait pas seulement au pays de Châteaudun, mais sans doute aussi au pays de Chartres, et que ces deux comtés devaient être dès lors unis au point de vue administratif.

[2] Cf. A. Longnon, *Atlas historique de la France*, p. 69 et 70.

[3] Donat avait été gratifié de la villa de Neuilly-Saint-Front, dont il ne voulut pas se dessaisir en 845. Hincmar a écrit à ce sujet un traité intitulé *Noticia de villa Novilliaco* (Voir dom Bouquet, *Rec. des hist.* VII, 215). On sait par les miracles de saint Benoît d'Adrevald que Donat était comte de Melun (*Miracula sancti Benedicti*, édit. de la Soc. de l'Hist. de France, p. 56).

[4] *Quidquid ex eodem episcopatu [Remensi] Odo comes habuit, seu et illa quae... Rotbertus... vel Donatus habuerunt* (dom Bouquet, VIII, 478).

Pépin avait été dépossédé par le traité de Verdun en 843 du royaume d'Aquitaine, qu'avait jadis gouverné son père Pépin Ier, mort le 13 décembre 838. Cette grande province était échue à Charles le Chauve[1]. Pépin, dont le nom était très populaire au midi de la Gaule, après s'être assuré l'appui du duc de Septimanie, Bernard[2], pensa disputer au roi son oncle les états paternels. Toutefois il fut déçu dans ses espérances. Dès le commencement de l'année 844, six mois à peine après le traité de Verdun, le duc Bernard, son plus puissant allié, tombait au pouvoir du roi des Francs, qui le condamnait à mort et le faisait exécuter sur-le-champ[3]. Pépin, de son côté, malgré une victoire éclatante, remportée sur l'armée de Charles près d'Angoulême, était forcé, l'année suivante, de venir prêter serment de fidélité à son oncle dans le monastère de Saint-Benoît-sur-Loire (juin 845)[4]. En reconnaissance de sa soumission, il conservait la jouissance d'une grande partie de l'Aquitaine, à condition de ne point chercher à s'y rendre indépendant.

Aussitôt que Charles le Chauve eut fait périr le duc Bernard qui était à la tête des marches d'Espagne, il avait nommé, pour le remplacer dans ce commandement, Sunifred, comte d'Urgel[5]. Cependant Bernard avait laissé un fils, Guillaume, âgé de dix-huit ans. Désireux de venger la mort de son père, Guillaume, après avoir capté la faveur de Pépin, excita ce prince à secouer de nouveau le joug du roi Charles. Mais bien des obstacles se dressèrent entre lui et sa vengeance. Le principal vint des seigneurs d'Aquitaine qui, jaloux de voir un tout jeune homme plus avancé qu'eux-mêmes dans les bonnes

---

[1] [*Lotharius et Hludowicus*] *cetera usque ad Hispaniam Carolo cesserunt* (*Ann. Bert.*, ad ann. 843, dom Bouquet, VII, 62).

[2] Ce Bernard, duc de Septimanie, est celui qui avait été accusé autrefois d'être l'amant de l'impératrice Judith. Il avait jugé sans doute qu'il aurait une influence plus absolue à la cour du jeune Pépin qu'à celle du roi Charles le Chauve.

[3] Les *Annales Bertiniennes* font mourir le duc Bernard avant le pape Grégoire IV (janvier 844).

[4] *Ann. Bert.*, ad an. 845, dom Bouquet, VII, 63.

[5] Le 19 mai 844, Sunifred porte déjà le nom de *marchio* dans un édit de Charles le Chauve, relatif aux Espagnols réfugiés en Septimanie (dom Vaissète, *Histoire de Languedoc*, nouv. édit., tome II, preuves, col. 228).

grâces de leur suzerain, se soulevèrent de toutes parts contre le nouveau favori et, refusant de s'associer aux projets ambitieux de Pépin, vinrent en grand nombre à Orléans prêter serment de fidélité à Charles le Chauve (848)[1].

Charles soupçonnait depuis quelque temps déjà les idées de révolte qui germaient dans l'esprit de Pépin; il partit aussitôt pour l'Aquitaine, afin d'y affermir son autorité[2]. Il ne resta d'ailleurs que peu de semaines en ce pays. Au mois de janvier 849, il était revenu dans le nord de son royaume; mais, avant de se retirer, il avait eu soin de nommer un successeur au duc de Septimanie, Sunifred, qui venait de mourir[3]. Comme il lui fallait en cette région lointaine des agents dévoués, il donna le commandement des marches d'Espagne à l'un de ses fidèles, Aleran, comte de Troyes[4].

---

[1] *Ann. Bert.*, ad an. 848, dom Bouquet, VII, 65.

[2] *Chron. Fontanel.*, ad an. 848, dom Bouquet, VII, 41.

[3] Les nouveaux éditeurs de l'*Histoire de Languedoc* ont, dans une note rectificative, contredit à tort dom Vaissète qui faisait mourir Sunifred en 848; ils reculent cette mort jusqu'en 851 ou 852. Comme preuve, ils renvoient à un diplôme de 850 environ, où il n'est point question de Sunifred, mais de Suniaire, comte de Roussillon (Cf. *Hist. de Languedoc*, nouv. édit. II, preuves, col. 286). Leur second argument est qu'Aleran, signalé en 849, comme comte des marches d'Espagne, n'est nulle part appelé duc de Septimanie; ils le supposent simplement comte de Barcelone : de sorte qu'Aleran n'aurait pas, en 848, succédé au duc de Septimanie, Sunifred (*ibidem*, II, 317). Mais ils n'ont pas remarqué sans doute un diplôme publié par eux-mêmes. Le 18 octobre 849, Charles le Chauve, étant à Albi, donna à un de ses vassaux, Étienne, les domaines de Villerouge et de Védillan, dans le comté de Narbonne : à la fin du diplôme, on lit : *Aledrans ambasciavit* (*ibidem*, II, preuves, col. 282). Aleran joue certainement ici le rôle de duc de Septimanie ; un comte de Barcelone n'aurait point eu à intervenir officiellement pour des biens situés en Narbonnais. Si donc Aleran, en 849, était duc de Septimanie, c'est que Sunifred était mort ; car on ne peut supposer que le roi ait disgracié Sunifred, puisque, quelques années plus tard, il comblait d'honneurs les fils de ce comte, Wifred, Sunifred et Miron (*ibidem*, II, 293). Disons en terminant qu'Aleran est appelé par un contemporain *custos limitis Hispanici* (*Chron. Fontanel.* ad an. 849) et que ce même titre est donné par l'Astronome au duc de Septimanie, Bernard (*comes Hispaniarum limitum*, dom Bouquet, VI, 110).

[4] L'identification d'Aleran, comte de Troyes, avec Aleran, duc de Septimanie, semble très probable; ils sont contemporains, tous deux fidèles de Charles le Chauve, ils portent un même nom, rare chez les comtes carolingiens, et de plus ils meurent tous deux dans le même temps. Enfin, la suite de ce récit montrera qu'après la mort d'Aleran, le comté de Troyes revint à Eudes de Châteaudun et que cette succession paraît avoir été réglée en Septimanie lors de l'expédition que fit Charles le Chauve en cette contrée au mois d'octobre 849. — Rien d'ailleurs n'était plus fréquent à cette époque que d'opposer aux invasions sarrasines des comtes de pays éloignés : c'est ainsi que Louis le Pieux,

A peine rentré dans ses États, Charles apprit que Guillaume, fils du duc Bernard, s'était emparé d'Ampurias et de Barcelone, après en avoir chassé Aleran (commencement de l'année 849)[1]. Il convoqua au mois de juin un grand plaid à Chartres, où il forma son armée : de là, il se mit en marche vers le midi. Le comte Eudes partit avec lui. Ils traversèrent la Loire, arrivèrent rapidement à Limoges et y reçurent la plupart des grands d'Aquitaine, qui venaient renouveler à Charles leur acte de soumission ; puis ils se dirigèrent directement sur la ville de Toulouse, qui fut emportée après quelques jours de siège. Le comte Eudes avait été chargé avec Herbert, abbé de Saint-Wandrille, de surveiller la porte Narbonnaise, et de l'attaquer par le feu[2]. Ils s'acquittèrent bravement de cet office et contribuèrent pour une grande part à la prise de la ville.

Ce succès rendit Charles le Chauve maître de toute l'Aquitaine, et, d'après Prudence, il put dès lors disposer à sa guise de la marche d'Espagne : il y rétablit aussitôt le comte Aleran[3].

Un de ses premiers soins fut également de récompenser les services de son fidèle, Eudes de Châteaudun. Le 11 octobre 849, étant encore à Narbonne, il lui donna, dans le pays d'Omois, la villa de Nogent, près de Château-Thierry[4].

en 827, avait envoyé aux marches d'Espagne Hugues, comte de Tours, et Mafroi, comte d'Orléans. Aleran, par sa grande réputation de bravoure, paraissait désigné pour le poste périlleux que lui confiait Charles le Chauve : l'épopée populaire chantait encore ses exploits au XIIe siècle. Dans le poème d'Aye d'Avignon, il est question, à plusieurs reprises, d'Aleran, comte de Troiesin, qui se bat vaillamment (*Aye d'Avignon*, édition Guessard et Meyer, 1861, p. 81).

[1] Cf. *Chronicon Fontanel.*, ad ann. 849 (dom Bouquet, VII, 41, 42).

[2] *In qua obsidione commissa est porta quae vocatur Narbonensis venerabili viro Heriberto, abbati Fontinellensis monasterii, simulque Odoni, viro illustri, ad custodiendum. Homines quoque Heriberti abbatis, injecto igne, praedictam portam igni cremaverunt maxima ex parte* (Chron. Fontanel., ad ann. 849, dom Bouquet, VII, 42). Le récit de toute cette campagne nous a été conservé par le moine de Saint-Wandrille, auteur du *Chronicon Fontanellense*; il devait le tenir de la bouche même d'Herbert, abbé de Saint-Wandrille, qui joua un rôle assez important dans cette expédition.

[3] *Marcam quoque Hispanicam pro libitu disponit* (Ann. Bert., ad an. 849).

[4] Voir dom Bouquet, VIII, 505. — Nogent, c^{ne} de Baulne, Aisne, arr^t de Château-Thierry, c^{on} de Condé. — Sur le pays d'Omois, voir Longnon, *Revue Archéolog.*, 1868, I, 361 et ssv., et *Atlas historique*, p. 121.

Cette donation faite à Eudes [1] d'un domaine peu éloigné du comté de Troyes, et la présence simultanée d'Eudes et d'Aleran [2] auprès du roi, pendant ce mois d'octobre 849, me portent à croire qu'on régla en cette occasion la succession du comté de Troyes, dont Eudes hérita trois ans plus tard, à la mort d'Aleran.

Quoi qu'il en soit, au mois de décembre 849, le roi revint vers la Loire en passant par Bourges. Il reçut peu après la nouvelle du châtiment du comte Guillaume. Au début même de l'année 850, les partisans d'Aleran s'emparèrent de ce rebelle qui fut aussitôt décapité; *sicque filius iniquitatis periit*, ajoute le moine de Saint-Wandrille [3].

De graves intérêts avaient rappelé Charles le Chauve dans le nord de la Gaule.

Le chef des Bretons, Nominoé, qui venait de se faire proclamer roi, avait profité de l'absence de Charles pour se jeter sur l'Anjou et désoler toute la contrée. Le comte d'Angers était alors Lambert, très habile capitaine, qui parvint à repousser cette attaque inopinée. Charles, revenu d'Aquitaine (vers février 850), confia aussitôt à Lambert le commandement militaire de la région d'entre Seine et Loire [4]. Mais, peu de temps après, par un brusque changement de politique difficile à expliquer, Lambert trahissait la cause des Francs et passait tout à coup avec son frère Garnier dans le camp de Nominoé (vers juillet 850). La situation devenait très critique pour Charles le Chauve: il lui fallait d'abord veiller à la sûreté du comté d'Anjou, que la défection de Lambert livrait sans

---

[1] Il est certain que le comte Eudes, à qui le roi concède en 849 la villa de Nogent en Omois, est le même qu'Eudes, comte de Châteaudun. Eudes, comte de Châteaudun, en effet, dans la charte de 846 citée plus haut, apparaît avec sa femme Guandelmode (Voir *pièces just.*, n° III). Or, en 871, Eudes, propriétaire de Nogent en Omois, donna par testament, pour le repos de l'âme de la même Guandelmode, sa femme, cette villa de Nogent au chapitre de Saint-Martin de Tours (Voir plus loin *pièces justif.*, n° IV).

[2] Aleran se trouvait près de Charles le Chauve à Albi, le 18 octobre 849, jour où il intervint en faveur d'un vassal du roi, nommé Etienne, qui sollicitait de Charles divers biens dans le comté de Narbonne. Voir plus haut, page 30, note 3.

[3] *Chronicon Fontanel.*, ad an. 849, dom Bouquet, VII, 42.

[4] Sur Lambert et sur Nominoé, cf. R. Merlet, *Guerres d'indépendance de la Bretagne sous Nominoé et Erispoé*, dans la *Revue de Bretagne, de Vendée et d'Anjou*, année 1891.

défense aux Bretons. Les circonstances exigeaient en cette contrée un homme brave et expérimenté: le comte Eudes, qui venait de faire ses preuves dans la dernière expédition d'Aquitaine, parut au roi remplir ces conditions [1]. Charles réunit lui-même une armée et partit pour la Bretagne. Il se rendit directement à Rennes où il établit une garnison; mais à peine s'était-il éloigné de cette ville que Nominoé et Lambert vinrent en faire le siège. La garnison se rendit sans coup férir et les murailles de Rennes furent aussitôt rasées par les assiégeants.

De là les deux rivaux de Charles le Chauve se dirigèrent sur Nantes, défendue par le comte Amauri : la ville tomba en leur pouvoir et subit le même sort que Rennes. Puis ils se jetèrent avec une indicible fureur sur l'Anjou. Le comte Eudes fut forcé de reculer devant eux; il se replia, en remontant la vallée du Loir, sur le comté de Chartres [2], suivi de près par les Bretons qui arrivèrent promptement dans le Maine. Un chroniqueur du XVe siècle, Pierre Le Baud, nous a conservé, d'après d'anciennes annales aujourd'hui perdues, le récit de cette invasion bretonne en Neustrie. « Quand Nominoé, dit-il, eut ainsi dégastée celle cité
» [d'Angers], il s'en départit, et conduisit son exercite selon
» les rives du fleuve de Loir, qui se plonge en Mayenne au-
» dessus de la dite cité, et bruslant et détruisant les territoires
» d'Anjou, du Maine et de Neustrie, depuis Loire jusques à
» Neustrie, parvint à Vendosme, où il s'arresta, attendant y re-
» cueillir ses ost qui estoient espandus par les dits territoires,
» afin d'assaillir le païs de Chartres : mais, comme jà partie
» de son exercite commençast à gaster celle grande plaine
» qu'on appelle la Beausse, il devint soudainement infirme,

---

[1] Eudes apparait comme comte d'Anjou dans deux diplômes royaux, l'un du 3 juillet, l'autre du 16 août 851 (Voir R. Merlet, *Guerres d'indépendance de la Bretagne*, mém. cité, pièce justificative n° III, et dom Bouquet, VIII, 518).

[2] Il y a, semble-t-il, dans ce fait historique, un indice qu'Eudes, comte d'Angers et de Châteaudun, devait être aussi chargé de l'administration du comté de Chartres. Charles le Chauve, au mois de janvier 851, était à Chartres; ce qui confirme que cette ville était alors menacée par l'armée bretonne. Il est également à noter que c'est en partant de Chartres pour l'Aquitaine que le roi, en 849, avait emmené avec lui le comte Eudes. (Voir plus haut, p. 31).

» et par gravité de doleur finit dedans briefs jours sa vie¹ »
(7 mars 851).

La mort subite de Nominoé sauva Charles le Chauve d'un grand danger ; car elle eut pour effet d'obliger l'armée bretonne à rentrer en Bretagne, et le royaume franc tout entier semble avoir joui pendant quelques mois d'une tranquillité relative. Charles retourna dans ses villas orientales, tandis qu'Eudes rentrait en possession de son comté d'Anjou.

Mais la paix ne fut pas de longue durée. Vers le mois de juin, le roi convoquait à Roucy une assemblée où fut décidée une nouvelle expédition en Bretagne. Charles voulait prendre sa revanche et croyait le moment favorable. Le nouveau chef des Bretons était Erispoé, fils de Nominoé : Charles espérait contraindre aisément ce jeune prince à abandonner les pays que Nominoé, dans sa dernière campagne, avait conquis sur les Francs.

Le commandement des troupes d'entre Seine et Loire fut confié au comte de Tours, Vivien, qui eut la charge de conduire l'expédition. Charles lui-même se dirigea vers Tours, et de là en Anjou, où il séjourna quelque temps. Le 3 juillet 851, il confirma un acte passé entre le comte Eudes et Doon, évêque d'Angers ; c'était un échange, aux termes duquel Eudes abandonnait à Doon l'emplacement sur lequel était bâti le palais des comtes, ses prédécesseurs, et recevait en retour une terre sise à l'intérieur des murs d'Angers pour y construire sa nouvelle résidence². Le 10 août, le roi, se trouvant à Juvardeil³, accorda, à la requête du comte Eudes, un diplôme à l'abbaye de Saint-Aubin d'Angers⁴. Six jours plus tard, le 22 août, et par conséquent non loin de Juvardeil, eut lieu la rencontre des armées franque et bretonne.

Erispoé remporta une victoire complète ; le duc Vivien et plusieurs autres grands personnages périrent dans le combat.

---

¹ *Histoire de Bretagne*, Paris, 1638, in-folio, p. 111.

² *Dedit Dodo episcopus... paginam terrae intra murum civitatis Andecavis, in qua opportunitas jam dicti comitis mansurae sedis suotumque successorum esse cognoscitur, et in compensatione hujus rei dedit Odo comes ex comitatu suo terram..., in qua praedecessorum suorum comitum sedes fuisse memoratur* (Gall. Christiana, XIV, Instr., col. 115).

³ Juvardeil, Maine-et-Loire, arrᵗ Segré, cᵒⁿ Châteauneuf-sur-Sarthe.

⁴ Dom Bouquet, VIII, 518.

Après cette défaite, Charles ne songea plus qu'à traiter avec son vainqueur. Revenu à Angers, il fit faire à Erispoé des propositions de paix avantageuses. Erispoé arriva aussitôt en cette ville : il fut reconnu par Charles comme roi des Bretons ; les pays de Rennes, de Nantes et de Retz, dont Nominoé s'était emparé l'année précédente et que Charles n'avait pu recouvrer, furent définitivement réunis à la Bretagne. De son côté, Erispoé promit au roi des Francs de forcer son allié Lambert à abandonner le pays de Nantes où ce comte rebelle s'était établi en maître. Instruit du danger qui le menaçait, Lambert n'attendit pas qu'on lui signifiât sa disgrâce ; il quitta précipitamment la ville de Nantes et s'enfuit à Craon en Anjou. Lambert était un guerrier de grand talent ; avec les quelques hommes qui l'avaient suivi dans sa fuite, il parvint à se créer un petit état indépendant dans les environs de Craon. Il mit en déroute le comte du Maine, Gui, qui voulait le chasser de ce territoire : il se construisit un château-fort sur l'une des rives de l'Oudon et s'empara en quelques mois de toute la partie de l'Anjou, située à l'ouest de la Mayenne. Il ne domina du reste que peu de temps sur cette contrée ; car il fut tué le 1er mai 852 par Gauzbert, comte du Maine [1].

Ce qui contribue à expliquer les succès rapides de Lambert en Anjou pendant les premiers mois de l'année 852, c'est l'absence forcée du comte Eudes, alors retenu dans l'est du royaume par les affaires de succession du comte de Troyes, Aleran, qui venait de mourir en Espagne.

De graves changements se produisirent en effet, dès le début de cette année 852, dans la situation politique respective des comtes Eudes et Robert le Fort.

Après sa malheureuse expédition en Bretagne, le roi Charles, rentré dans ses États, tint un plaid à Compiègne (vers février 852). Ayant eu sans doute, au cours des dernières campagnes, l'occasion d'apprécier les talents militaires du comte de Blois, Robert, il lui donna, du consentement des grands, les charges du duc Vivien, tué dans le combat du 22 août précédent. Ces charges se composaient du gouvernement de Touraine et du commandement en chef des

---

[1] Cf. R. Merlet, *Guerres d'indépendance de la Bretagne*, mém. cité.

troupes d'entre Seine et Loire. Il était en effet indispensable de ne pas laisser sans titulaire deux offices aussi importants: malgré le traité d'Angers, les invasions bretonnes étaient toujours à craindre, et il fallait se tenir prêt à tout évènement [1].

Vers le même temps, le duc de Septimanie, Aleran, proche parent de Robert le Fort et d'Eudes [2], périt à Barcelone, lors

[1] Le seul historien contemporain qui ait mentionné l'assemblée où fut élu le successeur du duc d'entre Seine et Loire, Vivien, est l'abbé de Prüm, Réginon. Mais ce chroniqueur écrivait cinquante ans après les évènements et il ne tenait ses renseignements que de sources orales, si bien qu'il a complètement interverti l'ordre chronologique dans son récit. Après avoir rapporté à l'année 860 la mort de Vivien et celle de Lambert, *qui ducatum tenebat inter Ligerim et Sequanam*, Réginon s'exprime ainsi à la date de 861, *Carolus placitum habuit in Compendio, ibique, cum optimatum consilio, Rodberto comiti ducatum inter Ligerim et Sequanam adversum Brittones commendavit; quem ingenti industria per aliquod tempus rexit*. Pour Réginon la nomination de Robert le Fort est une conséquence immédiate de la mort de Lambert, *qui auparavant tenait le duché*. Aussi, s'il est certain que Lambert et Vivien ne moururent pas en 860, est-il impossible d'ajouter foi à la date de 861 attribuée par Réginon à la nomination de Robert. Etant donnée la gravité des circonstances, Charles le Chauve ne pouvait pas laisser le duché d'entre Seine et Loire vacant pendant dix ans, depuis 851, date de la mort de Vivien, jusqu'en 861, date du plaid de Compiègne suivant Réginon. A l'année 862, Réginon rapporte la mort de Nominoé qui eut lieu en 851; à l'année 863, il raconte l'avènement d'Erispoé, le combat du 22 août et le traité d'Angers, évènements qui se passèrent aussi en 851 (Pertz, *Scriptores*, I, 571). Ce qu'il faut donc retenir, c'est que, d'après Réginon, le plaid de Compiègne fut à peu près contemporain de la mort de Nominoé, de Lambert et de Vivien. — Vivien, duc d'entre Seine et Loire, fut tué le 22 août 851. Peu de temps après, Charles le Chauve, ayant signé le traité d'Angers, revint dans l'Est de son royaume. Les diplômes le montrent résidant à Tours, le 6 novembre 851, à Saint-Denis près Paris, le 29 décembre, à Brienne (Ardennes, arr^t Réthel, c^on Asfeld), le 10 février suivant, à Quierzy, le 24 février; enfin on voit qu'il était encore à Quierzy le 3 avril 852. A cette dernière date, Robert le Fort, devenu abbé de Marmoutier près de Tours, obtenait du roi plusieurs villas pour son monastère (Cf. dom Bouquet, VIII, 517, 519, 520 et Lex, *Documents originaux antérieurs à l'an mil des Archives de Saône-et-Loire*, p. 4). — Entre le mois de février et le mois d'avril 852, Charles le Chauve résida donc dans les environs de Compiègne. De plus, antérieurement au 3 avril, Robert le Fort avait été gratifié de l'abbaye de Marmoutier lès Tours. De là il résulte, à mon avis, que le roi, à son retour de Bretagne, dut convoquer à Compiègne, en février ou en mars 852, le plaid dont parle Réginon, et où Robert le Fort fut créé duc d'entre Seine et Loire, en remplacement du comte de Tours, Vivien, tué le 22 août de l'année précédente.

[2] On ignore quel lien de parenté unissait Robert et Eudes à Aleran; mais cette parenté même paraît certaine. Vers l'année 930, le duc de France, Hugues, petit-fils de Robert, donnait à Saint-Martin de Tours l'alleu de Lachi (Marne, arr^t d'Épernay, c^on de Sézanne), sis au comté de Meaux. La charte de Hugues apprend que Lachi, du temps de Charlemagne, appartenait au comte de Troyes, Aleran, et que ce domaine, à la mort d'Aleran, était entré par voie d'héritage

du sac de cette ville par les Sarrasins, au commencement de l'année 852 ¹. Aleran ne laissait sans doute pas d'enfants; le comte Eudes fut appelé à lui succéder dans le comté de Troyes ².

Cette nouvelle fonction n'aurait plus permis à Eudes de s'occuper assez activement de son comté d'Anjou, devenu marche de Bretagne depuis le dernier traité entre Charles et Érispoë : aussi est-ce à cette époque qu'il faut vraisemblablement attribuer la substitution de Robert à Eudes dans ce poste périlleux ³. Et, de fait, en novembre 853, le capitulaire de Servais nous montre, d'une part Robert le Fort nommé *missus dominicus* dans la Touraine et l'Anjou; de l'autre Eudes appelé au même office dans les pays de Troyes et de Meaux ⁴.

En résumé, vers le milieu de l'année 852, voici quelles étaient respectivement les charges officielles de Robert le Fort et du comte Eudes. Robert était à la tête de plusieurs pays se tenant les uns les autres, la Touraine, l'Anjou, le Blésois; en outre, le duché d'entre Seine et Loire qu'il venait d'obtenir le rendait le plus puissant personnage de cette région. Eudes, de son côté, se trouvait préposé à la garde du

---

dans la maison des ducs de France, *veluti heres ipsius Aledramni in eo existens idoneus*, dit Hugues (*Pièces justif.* n° VI). M. d'Arbois de Jubainville, qui n'a point signalé cette charte, a montré, au moyen d'autres documents, qu'Aleran était déjà comte de Troyes au temps de Charlemagne (*Histoire des comtes de Champagne*, I, p. 58). Quand ce comte mourut en 852, c'était Robert le Fort qui représentait la maison des ducs de France. Robert eut donc part à l'héritage d'Aleran. Nous savons d'un autre côté qu'à la même époque Eudes succéda à Aleran dans le comté de Troyes. — Cette commune parenté de Robert et d'Eudes avec Aleran confirme ce que j'ai déjà dit à leur sujet : si Eudes et Robert sont frères, il est naturel qu'ils aient hérité tous deux ensemble du comté de Troyes.

¹ *Histoire de Languedoc*, nouv. édit., I, 1065. Dès le 10 septembre 852, le successeur d'Aleran en Septimanie, Odalric, est cité dans un acte (*Ibidem*, II, preuves, col. 287).

² Le 25 avril 854, Eudes, devenu comte de Troyes, obtenait du roi un diplôme en faveur de l'abbaye de Montiéramey. On y voit qu'Aleran, son prédécesseur, était alors effectivement décédé : *tempore predecessoris sui Aledramni, quondam fidelis comitis nostri* (d'Arbois de Jubainville, *Histoire des comtes de Champagne*, I, 410).

³ Divers textes contemporains, entre autres les *Annales de Saint-Bertin* (ad ann. 864 et 865), attestent que Robert fut comte d'Anjou, sans dire à quelle époque il le devint.

⁴ Cf. dom Bouquet, VII, 616, 617.

pays de Troyes, ainsi qu'à celle du Dunois et probablement du Chartrain.

Il eût été difficile à Eudes d'administrer à lui seul des comtés aussi éloignés les uns des autres; mais, depuis un certain temps déjà, l'habitude qu'avaient prise les successeurs de Charlemagne de confier à un même officier plusieurs gouvernements, avait insensiblement conduit les comtes à se faire remplacer dans chacune de leurs villes par un lieutenant qu'ils nommaient eux-mêmes, et qui, appelé d'abord *missus comitis*, prit bientôt le titre de *vicecomes*, vicomte. Cette institution fut de bonne heure acceptée par les rois carolingiens, et, au milieu du IXe siècle, elle fonctionnait régulièrement. Eudes, qui, à partir de 852, semble avoir séjourné de préférence dans le pays de Troyes, se fit représenter dans son comté d'outre-Seine par un vicomte qu'il établit à Châteaudun. La *Chronique de l'abbaye de Bonneval en Dunois* nous apprend que, vers l'année 865, il y avait à Châteaudun un vicomte du nom de Rampon [1].

Eudes n'administra donc l'Anjou que deux ans à peine, et néanmoins, durant son court séjour en ce pays, il y acquit de grands domaines que l'on retrouve plus tard entre les mains de ses descendants. Devenu comte de Troyes, il se consacra d'abord entièrement à son nouvel office. En 853, comme je l'ai dit, le roi le nommait *missus dominicus* dans la province de Sens; en 854, Eudes intervenait lui-même auprès de Charles le Chauve en faveur d'une abbaye récemment fondée dans le Troiesin et qui prit plus tard le nom de Montiéramey [2]. Cependant, comme la majeure partie de ses possessions était entre la Seine et la Loire, il se trouvait intéressé à tous les graves événements qui avaient lieu en cette contrée, et l'intimité incontestable qui existait entre lui et Robert le Fort fit qu'il suivit toujours la même politique que ce puissant comte neustrien.

---

[1] Cf. René Merlet, *Petite Chronique de l'abbaye de Bonneval* (Extrait des *Mém. de la Soc. Arc. d'Eure-et-Loir*, année 1890).

[2] Le diplôme original de Charles le Chauve, obtenu par Eudes pour Montiéramey, est encore conservé aux Archives de l'Aube: il est daté du 25 avril 854. Voir d'Arbois de Jubainville, *Histoire des comtes de Champagne*, I, 410. — Dans ce diplôme le roi appelle Eudes, *Karissimus nobis atque satis dilectissimus Odo*.

A l'époque où nous sommes arrivé, une grave révolte contre le roi était prête à éclater dans toute la région où Robert le Fort exerçait son office de duc. Cette révolte, fomentée d'abord en Aquitaine, s'était étendue peu à peu dans les pays plus septentrionaux et elle grandit à tel point qu'elle faillit causer la perte de Charles le Chauve.

Charles, dans le courant du mois de septembre 852, était parvenu à s'emparer de la personne de Pépin d'Aquitaine [1] et l'avait fait enfermer au monastère de Saint-Médard de Soissons. Les partisans de Pépin, privés de leur chef, tâchèrent de se créer de nouveaux appuis pour résister au roi des Francs. Dès le commencement de 853, ils députèrent plusieurs d'entre eux vers Louis, roi de Bavière, le sollicitant de venir lui-même ou d'envoyer son fils se mettre à leur tête ; autrement ils seraient contraints peut-être de demander aux pirates normands un secours qu'ils ne pouvaient trouver auprès de rois chrétiens [2].

En même temps, ils profitaient du mécontentement provoqué en Neustrie contre Charles le Chauve par la condamnation imprévue et l'exécution du comte du Maine, Gauzbert (mars 853) [3]. Celui-ci avait de nombreux parents et alliés, qui occupaient de hautes charges et qui s'unirent au parti des séditieux [4].

Malgré ce secours inespéré, les Aquitains comprirent qu'ils n'étaient pas encore de force à lutter avec avantage contre Charles le Chauve. Aussi, lorsque Louis, fils du roi de Bavière, arriva en Aquitaine l'année suivante, il ne fut reçu que par les parents de Gauzbert, dont les troupes trop faibles ne lui permirent pas de tenir tête à celles du roi des Francs, et, dès l'automne de 854, il était forcé de repasser le Rhin [5].

---

[1] *Chron. Aquit.*, dom. Bouquet, VII, 223.

[2] *Ann. Fuldenses*, ad an. 853, dom Bouquet, VII, 164.

[3] *Chron. Aquit.*, dom Bouquet, VII, 223.

[4] Kalckstein, *Robert der Tapfere*, p. 33, 34 et 37.

[5] *Ann. Bert.*, ad an. 854. — *Ann. Fuldenses*, ad an. 854, dom Bouquet, VII, 165. *Hludowicus, filius Hludowici regis, ad Aquitaniam pergit, volens experiri si vera essent quae patri suo per legatos gentis promittebantur. Cum ergo venisset et non esset susceptus, nisi ab ea tantum sola cognatione quam Karlus maxime offendit propter interfectionem Gozberti eorum propinqui quem jussit occidi, ceteris omnibus ad susceptionem ejus dissimulantibus, adventum*

Cette première révolte avait été rapidement apaisée, et, sans doute, elle ne se serait pas renouvelée, si Charles ne s'était aliéné ceux des seigneurs de Neustrie qui lui avaient été jusque-là le plus dévoués. La puissance considérable que le duc Robert le Fort avait acquise en cette contrée commençait peut-être à inquiéter le roi. En 856, Charles le Chauve constitua en faveur de son fils Louis un duché juxtaposé à celui de Robert. Ce duché, appelé duché du Maine, s'étendait à toute la partie septentrionale de la Neustrie ; il était séparé du duché d'entre Seine et Loire par la grande route de Paris à Tours [1]. C'était une atteinte portée à la suprématie de Robert, qui se trouvait désormais soumis à l'autorité du jeune prince Louis : car, comme nous l'apprend un auteur du temps, outre le duché du Maine, Charles avait conféré à son fils la puissance souveraine sur tout le reste de la Neustrie [2].

Toutefois cette marque de méfiance n'aurait peut-être pas suffi pour déterminer Robert à se révolter ouvertement ; mais elle fit éclater en lui contre le roi une irritation mal contenue et ayant une autre cause. Depuis quelques années déjà, les pirates normands ravageaient sans relâche les bords de la Loire, et les trois villes comtales de Robert, Angers, Tours et Blois, avaient été successivement saccagées. Or, les progrès de ces brigands auraient été moins rapides si Charles le Chauve eût mis plus d'empressement à

suum illo supervacuum fuisse ratus, cum suis se circa tempus autumni in Franciam recepit.

[1] *Karlus rex cum Respogio, Britonum principe, paciscens, filiam ejus filio suo Hludowico despondet, dato illi ducatu Cenomannico usque ad viam quae a Lutetia Parisiorum Cesaredunum Turcnum ducit* (Ann. Bertin., ad ann. 856, dom Bouquet, VII, 71).

[2] Il est certain que Charles le Chauve avait permis à son fils de prendre le titre de roi. En effet, Hincmar, dans ses *Annales*, nous dit qu'en 865 Charles délégua de nouveau son fils en Neustrie sans lui interdire de reprendre son titre de roi, *nec reddito nec interdicto sibi nomine regio* (dom Bouquet, VII, 91). Nous avons du reste à cet égard le témoignage positif de l'auteur contemporain qui a écrit la *Translation de saint Regnobert* et qui raconte incidemment cet événement de l'année 856 : *In villam que Vetera Domus vocatur veniens [Karlus], venit ad eum ibi Britonum Hilispogius princeps, cum filio prefati sublissimi Karli regis, Hludovicho nomine, ibidemque, [Hilispogii] consilio, cum proceribus Francorum nobilibus, Hludovico, filio suo, regnum Neustrie dedit, et in hac regni parte eum regnandum constituit* (d'Achery, *Spicilegium*, II, p. 133).

les combattre. Robert reprochait au roi sa lenteur à agir, et il se servit de ce prétexte pour donner à sa révolte une apparence de motif légitime.

Charles n'eut donc pas plus tôt créé le duché du Maine en faveur de son fils, que la plus grande partie des seigneurs neustriens, faisant cause commune avec les Aquitains mécontents, sollicitèrent Louis le Germanique de venir à leur aide[1]. Mais le roi de Bavière était en ce temps trop occupé par des guerres personnelles pour pouvoir passer en Gaule. Découragés par ce refus, les révoltés firent la paix avec Charles, et tout rentra de nouveau dans l'ordre[2].

Sauvé de ce péril, Charles aurait dû mettre tous ses soins à reconquérir la confiance de ses sujets : il aurait dû surtout ne pas avoir de trêve qu'il n'eût chassé les pirates normands de son royaume. Bien loin de là : jamais l'audace des envahisseurs ne fut poussée impunément aussi loin que dans l'année qui suivit ces évènements. Non contents de ravager les rives de la Loire, ils dévastèrent celles de la Seine : ils pillèrent encore une fois Tours et Blois, les villes de Robert ; Paris même fut incendié, et personne ne semble s'être opposé à leurs incursions[3].

On trouve comme un écho des murmures qui s'élevaient de toutes parts contre le roi, dans ces phrases de Paschase Radbert, écrites en cette année 857, peu de temps après que les Normands se furent emparés de Paris : « Qui croirait » jamais, je le demande, que d'ignobles bandits aient pu avoir » une telle audace ? Qui pourrait admettre qu'un royaume » si glorieux, si fort et si vaste, si populeux et si puissant, ait

---

[1] Ce fut si bien la promotion de Louis, fils du roi, comme duc du Maine, qui causa le soulèvement de 856, que, deux ans plus tard, lorsque les seigneurs neustriens se révoltèrent pour la seconde fois, ils n'eurent rien de plus pressé que de chasser du Maine le prince Louis. Cf. *Ann. Bert.*, ad ann. 858, dom Bouquet, VII, 73.

[2] *Comites pene omnes ex regno Karli regis cum Aquitanis adversus eum conjurant, invitantes Hludowicum, regem Germanorum, ad suum consilium perficiendum. Quo diutius in expeditione Sclavorum detento, ubi et magnam partem sui exercitus amisit, isti moras illius non ferentes Karlo regi reconciliantur* (*Ann. Bert.*, ad ann. 856, dom Bouquet, VII, 71).

[3] Charles le Chauve cependant ne manquait ni de réflexion ni de courage. En maintes circonstances de son règne, il fit preuve d'intelligence et d'activité. Il y a, dans son inaction vis à vis des Normands de 853 à 858, un fait anormal, dont il serait intéressant de rechercher la cause.

» été humilié et sali par les atteintes de tels hommes? Assuré-
» ment aucun des rois de la terre ne pourrait le penser, et
» aucun habitant du globe ne se laisserait persuader que
» l'ennemi ait pu entrer dans notre Paris [1]. »

Si un homme d'église, en ces circonstances, ressentait une telle indignation, on s'imagine quelles plaintes pouvait faire entendre un homme de guerre hardi comme Robert le Fort. Dès le commencement de l'année 858, une révolte plus violente que les autres éclatait pour la seconde fois en Neustrie : Robert la dirigeait, et son premier acte de rébellion fut de chasser du Maine son rival, le prince Louis, qu'il contraignit à passer la Seine et à se réfugier près du roi son père [2].

Jusque-là, le comte Eudes n'avait probablement pas pris une part active à tous ces troubles; mais il est hors de doute que ses sympathies étaient déjà acquises aux révoltés. Bientôt de nouveaux brigandages des Normands le décidèrent à se jeter ouvertement dans la sédition dont il devint l'un des chefs [3].

Au mois de juin 858 [4], les pirates fondirent sur Chartres,

---

[1] *Quis unquam, queso, crederet, quod latrones promiscuae gentis unquam talia auderent? Vel quis estimare potuisset quod tam gloriosum regnum, tamque munitum et latissimum, tam populosum et firmissimum, talium hominum humiliari vel sordibus foedari deberet? Fateor enim quod nullus ex regibus terrae ista cogitaret neque ullus habitator orbis nostri audire potuisset quod Parisium nostrum hostis intraret* (Pasch. Radbert, lib. 4, in lamentationes Jeremiae, dom Bouquet, VII, 72, note c).

[2] *Comites Karli regis cum Britonibus juncti, deficientes a Karlo, filium ejus Hludowicum ejusque sequaces, a partibus Cenomannicis deterritum, Sequanam transire atque ad patrem refugere compellunt* (Ann. Bertin., ad ann. 858, dom Bouquet, VII, 73).

[3] Ce qui prouve que Robert et Eudes furent les chefs de cette sédition qui faillit faire perdre le trône à Charles le Chauve, c'est que, dans la lettre adressée l'année suivante aux révoltés par les pères du concile de Savonnières, Robert et Eudes sont nommés en tête des autres rebelles. *Universalis synodus ex diversis partibus, in nomine Domini, ad vicinum locum Tullensi urbi, qui dicitur Saponarias, congregata, utinam bonis filiis Rotberto, Odoni, Herivo, Truando, Ingelboldo, Frotmundo, item Herivo, Magenardo, Cadeloni et ceteris in vestra societate conjunctis, salutarem conversionem* (dom Bouquet, VII, 584).

[4] La prise de Chartres par les Normands est rapportée à tort dans les Annales de Saint-Bertin à la fin de l'année 857. Ces annales contiennent du reste pour la même époque quelques erreurs chronologiques. C'est ainsi qu'à l'année 859, elles relatent la mort d'Immon, évêque de Noyon, et celle d'Ermenfroi, évêque de Beauvais, lesquels vivaient encore en 860 (Cf. dom Bouquet, VII, 75, note d).

et mirent la ville à feu et à sang : l'évêque Frotbold et un grand nombre de Chartrains furent massacrés sans pitié [1]. Quant à Eudes, retenu sans doute dans son comté de Troyes, il ne put empêcher ce désastre, mais tout son mécontentement se tourna contre le roi qui laissait s'accomplir de semblables horreurs. Le pillage de Chartres avait eu lieu le 12 juin, et, dès le mois de juillet suivant, Eudes, accompagné d'Adalart, abbé de Saint-Bertin, était de l'autre côté du Rhin auprès de Louis le Germanique et le sollicitait instamment de venir délivrer le peuple de Gaule si mal protégé contre les Normands. Les deux députés représentèrent à Louis le triste état de leur pays : personne ne résistant aux Danois et n'opposant la force à la force, ces brigands prenaient, vendaient, pillaient ou massacraient tout ; ceux qui échappaient à leurs coups n'étaient pas mieux traités par leur souverain [2].

Ce récit était certainement exagéré ; mais il fallait frapper fortement l'esprit du roi de Bavière pour le décider à marcher contre son frère. Louis finit par céder aux instances d'Eudes et d'Adalart, et, ayant assemblé une armée, il partit pour la Gaule.

Cependant Charles le Chauve s'était résolu à tenter quelque chose contre les Normands. Il était allé au mois de juillet assiéger les pirates dans une des îles de la Seine, et était encore occupé à ce siège, lorsque Louis le Germanique arriva le 1er septembre à Ponthion [3]. Le roi de Bavière

---

[1] *II idus junii, anno incarnationis dominice DCCCLVIII, indictione VI, a paganis Sequanensibus facta est magna cedes Carnotis, in qua intercempti sunt : Frotboldus episcopus, Stephanus presbiter, Titulfus presbiter et monachus, Telbertus presbiter, Rainulfus presbiter, Adalgaudus clericus, Landramnus subdiaconus, Letramnus subdiaconus, Almandus subdiaconus, Ulgarius subdiaconus, Adalbertus clericus, Gaubertus clericus, et cetera multitudo, pro quibus exorate Dominum* (R. Merlet et abbé Clerval, *Un manuscrit chartrain du XIe siècle*, p. 166).

[2] *Mense autem julio, legati ab occidente venerunt, Adalhartus abbas et Oto comes, postulantes eum ut populo periclitanti et in angustia posito praesentia sua subveniret : tyrannidem enim Karoli se diutius ferre non posse testati sunt, quia quod ex eis pagani extrinsecus, nemine resistente aut scutum opponente, predando, captivando, occidendo atque vendendo reliquissent, ille intrinsecus subdole seviendo disperderet* (Ann. Fuldenses, ad ann. 858, dom Bouquet, VII, 167).

[3] Ponthion, Marne, arrt Vitry-le-François, con Thiéblemont.

passant par les pays de Châlons, de Queudes[1] et de
Sens, parvint en Orléanais, où il reçut d'Aquitaine et de
Neustrie tous ceux qui depuis cinq ans déjà lui demandaient de se mettre à leur tête[2]. Cette jonction effectuée,
ramené par le comte Eudes vers la ville de Troyes, Louis,
au cœur même du royaume de son frère, se trouvait en
pays soumis.

Charles le Chauve abandonna alors son entreprise contre
les pirates danois et accourut à la rencontre de ses nouveaux
ennemis ; il s'avança jusqu'à Brienne[3], non loin de Bar-sur-
Aube ; mais, apprenant chaque jour la défection de quelqu'un
des siens, il n'osa engager le combat et s'enfuit en Bourgogne où les grands lui étaient demeurés fidèles (12 novembre 858). Louis le Germanique de son côté se rendit à
Troyes et y distribua à ceux qui l'avaient appelé en Gaule
les comtés, les monastères, les domaines royaux ; puis il alla
à Attigny, à Reims, à Laon, et célébra les fêtes de Noël dans
le monastère de Saint-Quentin.

Le triomphe du roi de Bavière avait été trop rapide pour
pouvoir être durable. Il était dû surtout à l'intervention des
comtes mécontents de la Neustrie et de l'Aquitaine : quand
ceux-ci furent retournés dans leurs provinces, Louis perdit
avec eux son plus puissant soutien.

Pendant les premiers mois qui suivirent l'époque de la fuite
de Charles en Bourgogne, Louis résida exclusivement dans
les parties orientales de la Gaule ; mais, malgré sa présence
en cette région, il ne put empêcher qu'il ne s'y manifestât en
faveur du roi légitime une réaction provoquée par tout le haut
clergé, sous l'inspiration de l'archevêque Hincmar. Cette
réaction fut même si complète que Charles le Chauve, moins
de trois mois après sa retraite forcée de Brienne, rentrait
victorieusement dans les provinces occupées par son frère

---

[1] Queudes, Marne, arr^t Epernay, c^{on} Sézanne.

[2] *Interim comites ex regno Karoli regis Hludowicum, Germanorum regem,
quem per quinque annos invitaverant, adducunt. Qui Kalendis Septembris
Ponteonem, regiam villam, adveniens, per Catalaunos et Cupedenses,
Agedincum Senonum pervenit. Inde Aurelianensem pagum adiens, receptis ab
Aquitania et Niustria atque Britonibus qui ad eum se venturos spoponderant,
eadem pene via usque ad Cupedenses remeat* (Ann. Bertin., ad ann. 858,
dom Bouquet, VII, 74).

[3] Brienne-le-Château, Aube, arr^t Bar-sur-Aube.

et le forçait à s'enfuir en Germanie presque sans coup férir (janvier ou février 859)[1].

Cet échec inattendu n'abattit pas le parti des seigneurs révoltés de Neustrie : sous le commandement de Robert et d'Eudes, ils continuèrent la lutte ; il semble même qu'ils se maintinrent en possession des pays avoisinant la Bretagne[2]. Ils eurent pour principaux auxiliaires les Bretons ; quant aux Aquitains, effrayés de ne plus être soutenus par Louis de Bavière, ils se retournèrent du côté de Charles le Chauve. Pépin qui, dès l'année 854, s'était évadé du monastère de Saint-Médard de Soissons, fit alors alliance avec le comte Robert et les Bretons[3].

Au mois de juin 859, Charles le Chauve convoqua un concile à Savonnières, près de Toul, et fit adresser par cette assemblée une lettre comminatoire à Robert, à Eudes et à leurs complices.

Cette lettre fort curieuse nous a été conservée[4]. « Nous » nous sommes réunis, disent les évêques, à cause des dis- » sensions et des luttes de toutes sortes qui se sont élevées » dans vos régions[5]. — Vous n'ignorez pas, ajoutent-ils, et » les sages de ce monde l'ont toujours enseigné, que les » petites choses croissent par la concorde et que les plus

---

[1] *Carolus et Hludowicus cominus, preparatis utrinque armatorum cuneis et erectis vexillis, secus locum qui Breona dicitur convenerunt; populus qui cum domno Karolo erat ex parte maxima illum reliquit, sicque eumdem regem Karolum pridie idus novembris inde abire coegit. Tertio autem mense, Karolo revertente, qui cum domno Hludowico erant ab eo separati, et solitario pene relicto, insequente illum Carolo, de pago Laudunensi ad propria redire destitutione sua fecerunt (Lettre d'Hincmar, dom Bouquet, VII, 516).*

[2] Les comtés de Robert, par exemple, semblent n'être pas immédiatement tombés au pouvoir du roi. Car, lorsque Robert se réconcilia avec Charles, il rentra en possession de ses gouvernements d'Anjou, de Touraine et de Blésois. Si le roi s'était emparé tout d'abord de ces pays, il en aurait sans doute disposé en faveur de quelques-uns de ses fidèles, comme il le fit pour les pays de Troyes et de Châteaudun, qui étaient à Eudes et qu'il donna aux comtes Raoul et Lambert.

[3] *Aquitani ad Karlum puerum omnes jam convertuntur. Pippinus Rotberto comiti et Britonibus sociatur (Ann. Bertin., ad ann. 859, dom Bouquet, VII, 75).* Ce *Karlus puer*, dont il est ici question, est un des fils de Charles le Chauve. Il avait été déjà, en 855, accepté comme souverain par les Aquitains.

[4] Cf. dom Bouquet, VII, 584.

[5] *Propter dissensiones et diversas contentiones quae in vestris regionibus exortae sunt (ibidem).*

» grandes périssent par la discorde. La vérité de cette
» sentence est apparue en ce royaume que nous vîmes tou-
» jours grand, quand y régnait la concorde, et que nous
» voyons maintenant presque anéanti, depuis que la discorde
» y est entrée.[1] » Vient ensuite un tableau de tous les excès
auxquels, dans l'ouest de la Gaule, se livraient les troupes
des révoltés, et, à la fin, une menace d'excommunication
générale contre les séditieux s'ils ne dissolvaient au plus
tôt leur fatale société. Cette lettre ne contenait ni promesse
ni garantie pour Robert et ses alliés, au cas où ils se fussent
soumis au roi : aussi ne pensèrent-ils pas encore à se rendre.

L'année suivante, 860, Louis de Bavière et Charles le
Chauve se réconciliaient publiquement à Coblentz. Charles,
comprenant qu'il devait faire des concessions aux Neustriens
révoltés, s'il voulait les soumettre, fit insérer la clause suivante dans les capitulaires promulgués à cette occasion :
« Quant à ceux qui dans ce royaume se sont soulevés contre
» notre seigneur le roi Charles, s'ils reconnaissent leurs
» torts, Charles veut leur pardonner tout ce qu'ils ont méfait
» contre lui, par égard pour Dieu et pour les prières de
» Louis, son frère ; et, dans ce cas, ainsi qu'il l'a décrété, il
» leur rendra tous leurs alleux, héréditaires ou acquis, même
» ceux qui leur furent donnés par l'empereur, son père,
» sauf toutefois les alleux qu'il leur a concédés lui-même[2]. »

Cette promesse pouvait paraître avantageuse aux séditieux ; mais ils ne s'en contentèrent pas encore ; ils voulaient
rentrer en possession de leurs anciennes charges, ou obtenir,
en compensation de leurs comtés perdus, de nouveaux gouvernements.

Charles le Chauve en effet avait, dès 859, disposé en faveur
de son entourage de la plupart des bénéfices ayant appar-

---

[1] *Quod verum esse probatur in nobis qui regnum Francorum, cum in concordia esset, magnum vidimus, et nunc, cum est in discordia, jam pene nullum videmus* (dom Bouquet, VII, 584).

[2] *Et ut illi homines qui in isto regno contra seniorem nostrum domnum Karolum mispriserunt, si se recognoverint, propter Deum et propter fratris sui deprecationem, quicquid contra eum misfecerunt, eis vult indulgere, et, sicut praescriptum est, alodes illorum de hereditate et de conquisitu, quod tamen de donatione sua non venit, sed et illos alodes quos de donatione domni imperatoris Hludowici habuerunt, eis concedit, si talem firmitatem ei fecerint, sicut praediximus* (Dom Bouquet, VII, 646).

tenu aux seigneurs qui s'étaient jetés dans la révolte. Nous en avons la preuve pour Adalart et pour Eudes, les deux ambassadeurs qui, au mois de juillet 858, étaient allés chercher le roi Louis en Germanie, et il est assez naturel que la colère de Charles le Chauve se soit d'abord exercée contre eux. Le 24 mars 859, Charles avait donné à Hugues, son cousin-germain, l'abbaye de Saint-Bertin qui appartenait depuis quinze ans déjà à Adalart[1]. A la même époque il dépouillait Eudes de ses comtés de Châteaudun et de Troyes, accordant le premier à Lambert[2], et le second à Raoul, son oncle[3].

Eudes avait donc eu particulièrement à souffrir de la vengeance du roi. Il était avec Robert le Fort le principal chef de la révolte. Charles crut qu'il ne parviendrait jamais à triompher de cette faction, s'il ne faisait de nouvelles concessions à ceux qui la dirigeaient. Au mois de juin 860, il leur

---

[1] *Igitur post haec, anno dominicae nativitatis DCCCLVIII (859 n. s.) et praefati regis Karoli XX, praefatus abbas Adalardus apud eundem regem incusatus, anno regiminis sui XVI, abbatia ab eo est abstracta atque Hugoni juniori est data, VIIII Kalendas aprilis, qui erat canonicus et filius Chonradi et avunculus Karoli regis* (Cartul. de Saint-Bertin par Guérard, p. 107). Hugues, qui venait d'être ainsi gratifié de l'abbaye de Saint-Bertin, était l'un des plus puissants seigneurs bourguignons, près desquels Charles avait, en 858, trouvé refuge et protection. Cf. Ém. Bourgeois, *Hugues l'abbé* (Caen, 1885).

[2] La petite chronique de Bonneval en Dunois montre qu'en 863 Lambert remplaçait Eudes comme comte de Châteaudun. A cette date, Lambert donna aux religieux de Bonneval, pour leur servir de refuge contre l'invasion des Normands, un pré et des grottes pratiquées dans le roc sous les murs de Châteaudun. *Defuncto rege Karolo et germano ejus Ludovico succedente, anno primo regni ejus, fuit quidam comes Castrodunensium, Lambertus nomine, qui... dedit.. ad refugium infra Castridunum de prato agripennos duos et dimidium in proprium... habendos, et criptas desubtus usque in aquas* (René Merlet, *Petite Chronique de l'Abbaye de Bonneval*, p. 15, 21 et 22). Lambert porte ici le titre de *comes Castrodunensium*, et cela se conçoit, puisque c'est comme comte de Châteaudun qu'il agit. Je pense qu'il reçut, avec le Dunois, le gouvernement du Chartrain; car, depuis le commencement du IXe siècle, ces deux pays semblent avoir été entre les mains d'un même comte, comme ils le furent toujours dans la suite.

[3] Raoul apparaît comme comte de Troyes dans deux diplômes royaux, qu'il obtint en faveur de l'abbaye de Montiéramey. Le premier, daté du 15 juillet 863, a été publié par M. A. Giry (*Documents carolingiens de l'abbaye de Montiéramey*, dans *Études d'histoire du moyen âge dédiées à Gabriel Monod*. Paris, 1896, in-8°, p. 125). — Le second diplôme, où Raoul intervient comme comte de Troyes, est daté du 15 mars 864. Le roi, à la prière de son oncle Raoul, confirme aux religieux de Montiéramey les essarts que les moines ont faits sur un terrain dépendant du comté de Troyes (Cf. dom Bouquet, VIII, 590).
Raoul, comme Hugues l'abbé, était resté fidèle à Charles le Chauve pendant la révolte de 858 (Voir une lettre d'Hincmar, dans dom Bouquet, VII, 523).

avait assuré à Coblentz la rentrée en possession de toutes leurs terres allodiales ; en 861, il fit plus encore. Il promit de leur rendre celles de leurs charges qui seraient vacantes ou de leur conférer d'autres honneurs en échange de ceux qui seraient perdus.

Ces avances du roi mirent fin à la sédition. Vers le milieu de l'année 861, la plus grande partie des factieux se soumirent à Charles, qui les combla de ses faveurs. Peu de temps après, Charles, traversant la Seine, allait lui-même recevoir à Meung-sur-Loire[1] Robert, qui, au dire d'Hincmar, obtint du roi tout ce qu'il voulut[2]. Et, de fait, depuis ce jour, la puissance de Robert, alla toujours en grandissant : il fut réintégré dans tous ses offices, et, jusqu'à sa mort, il domina plus complètement que jamais sur la Neustrie.

Quant à Eudes, qui était très problablement présent à l'assemblée de Meung, le roi ne se montra pas moins généreux à son égard. Une nouvelle période s'ouvre dès lors dans sa carrière politique. Les gouvernements du Dunois et du Troiesin ne pouvaient lui être restitués; mais tous les alleux, qu'il avait jadis possédés en ces contrées et qui lui étaient rendus aux termes du traité de Coblentz, lui garantissaient ainsi qu'à ses descendants une influence considérable dans ces deux pays. D'autre part, il fut bientôt appelé à de nouvelles fonctions.

Charles le Chauve méditait alors de s'emparer de la Provence, où régnait son neveu, Charles[3], prince encore jeune et affligé d'une maladie épileptique. Quelques mois après l'assemblée de Meung-sur-Loire, le roi des Francs, pour réaliser ses projets, levait une armée et marchait sur Lyon, séjour habituel de son neveu. Mais il rencontra dans le duc Girart, principal conseiller du roi de Provence, un

---

[1] Meung-sur-Loire, Loiret, arr¹ d'Orléans, ch. l. c⁰ⁿ.

[2] *Pene omnes, qui nuper a Karolo ad Hludowicum defecerant, ad Karolum revertuntur, et ab eo familiaritate et honoribus redonantur. — Karolus Rodbertum cum placitis honoribus recipit* (Ann. Bertin., ad ann. 861, dom Bouquet, VII, 77). Nous voyons par le cartulaire de Saint-Bertin que, le 25 juillet 861, Adalart fut réintégré par Charles le Chauve dans la jouissance de l'abbaye (Guérard, *Cartul. de Saint-Bertin*, p. 109).

[3] Charles, roi de Provence, était fils de l'empereur Lothaire. Il avait deux frères : Louis, empereur et roi d'Italie, et Lothaire, roi de Lorraine.

redoutable adversaire. Son armée ne put aller plus loin que Mâcon [1], et, après plusieurs revers, elle fut forcée de rétrograder vers le nord (fin de l'année 861).

A cette courte et infructueuse expédition se rattache l'origine de l'autorité déléguée au comte Eudes sur toute la région adjacente à la Saône. Depuis lors, Eudes joua un rôle prépondérant en Bourgogne, où la présence d'un agent éprouvé devenait indispensable à Charles le Chauve pour faire face à toute tentative d'hostilité de la part des Provençaux ; car, de l'autre côté de la Saône, s'étendait le duché de Lyon où commandait le vaillant comte Girart.

La première fois que les textes contemporains nous montrent Eudes établi en cette contrée, c'est dans le courant de l'année 863. Les moines de Glanfeuil, en Anjou (aujourd'hui Saint-Maur-sur-Loire)[2], ayant voulu, par crainte des Normands, mettre en lieu sûr les reliques de leur patron saint Maur, les avaient transportées près du Mesle[3] au diocèse de Séez, où elles étaient demeurées un an et demi. Après ce laps de temps, en 863, les moines se virent de nouveau contraints par les incursions des pirates danois d'abandonner leur refuge ; ils ne savaient plus où aller, quand l'idée leur vint d'implorer l'aide du comte Eudes, alors tout puissant en Bourgogne, et qu'ils avaient connu autrefois comme comte d'Anjou. Eudes leur accorda aussitôt, en deçà de la Saône, un grand domaine où le corps de saint Maur resta quelque temps en sûreté[4].

---

[1] *Ann. Bertin.*, ad ann. 861, dom Bouquet, VII, 77.

[2] Saint-Maur-sur-Loire, hameau de la commune de Saint-Georges-des-Sept-Voies, Maine-et-Loire, arr^t Saumur, c^{on} Gennes.

[3] Mesle-sur-Sarthe (le), Orne, arr^t Alençon, ch. l. c^{on}.

[4] Tous ces renseignements se trouvent dans le récit de la Translation de saint Maur par Eudes, abbé de Glanfeuil. Ce récit a été publié plusieurs fois : la meilleure édition est celle donnée par Mabillon (*Acta SS. Ord. S. Benedicti*, sæc. IV. pars 2, p. 173). La bibliothèque municipale de la ville de Chartres possède un manuscrit de la fin du IXe siècle contenant la Vie et la Translation de saint Maur par l'abbé Eudes. Ce manuscrit semble avoir été copié dans le temps même où Eudes vivait : il doit dériver directement du manuscrit original. J'ai emprunté à ce mss. le passage suivant qui fait partie de la préface mise par Eudes en tête de la vie de saint Maur. [*Cum nullus*] *jam uspiam refugii nobis tutus superesset locus... cum corpore ejusdem sancti Mauri partes Burgundiae petere decrevimus. Cumque in predium industris viri Audonis comitis, citra fluvium quem Ararim vocant, devenissemus, quod nobis, ob reverentiam et*

Le 25 janvier de cette même année 863, Charles, roi de Provence, était mort subitement à Lyon sans laisser d'enfant. Ses deux frères, l'empereur Louis, roi d'Italie, et Lothaire, roi de Lorraine, se partagèrent sa succession : Louis eut la partie méridionale de l'ancien royaume de Provence, Lothaire en eut la partie septentrionale et devint ainsi souverain de tous les pays situés à l'est de la Saône, depuis la source de cette rivière jusqu'à Lyon, c'est-à-dire souverain de ce qu'on appelait en ce temps la Bourgogne cisjurane. Girart conserva la garde du duché de Lyon qui comprenait la plus grande partie de ce territoire.

Ce voisinage importunait Charles le Chauve, qui ambitionnait de donner à ses États les limites naturelles du Jura et des Alpes. Aussi, jusqu'en 869, année où mourut Lothaire, ces deux rois furent-ils toujours sur le pied de guerre, et ils en seraient certainement venus aux mains sans l'intervention réitérée du pape.

Dès 863, la situation politique était des plus tendues de part et d'autre sur les rives de la Saône. Outre le témoignage que nous en donne Réginon[1], Hincmar en fournit la preuve dans ses Annales. Vers le mois de mai 863, Charles le Chauve revenait de Neustrie[2], quand se présentèrent à lui trois députés des rois Louis et Lothaire, lui demandant de ne pas troubler la paix générale. Cette paix, dit Hincmar, Charles voulut toujours la conserver, tant que les hostilités de ses ennemis le lui permirent, *quantum infestatio contrariorum sibi permisit*[3]. Hincmar fait ici allusion aux évènements des années 863 et 864. Les *contrarii*[4],

amorem sancti corporis sive etiam pro aeterna remuneratione, aliquandiu ad habitandum concesserat, benigno favore ibidem commorantium ac munifica largitate excepti, anno dominicae incarnationis octingentesimo sexagesimo tertio, indictione decima, digno cum honore, congruo illud et apto condidimus loco (ms. 89 de la bib. com. de Chartres). L'abbé Eudes écrivait ces lignes vers 868.

[1] *Carolus rex, filius Hlotarii imperatoris, moritur, qui Provinciam regebat, et ex regno quod tenuerat facta est non modica controversia inter Hlotarium regem et avunculum ejus Carolum* (Reginonis chronicon, Pertz, Scriptores, T. I, p. 659).

[2] Charles avait célébré, le 11 avril 863, la fête de Pâques au Mans.

[3] Cf. dom Bouquet, VII, 81.

[4] On retrouve les seigneurs bourguignons du royaume de Lothaire ainsi

dont il parle, ce sont les seigneurs de Bourgogne cisjurane dont le duc Girart était le chef. La plupart d'entre eux possédaient des domaines dans le royaume de Charles le Chauve et refusaient cependant de prêter à ce prince le serment de fidélité, ne voulant en aucune façon reconnaître son autorité. Charles irrité ordonna la confiscation de tous leurs biens. « Qu'il ne soit permis, dit-il dans un
» de ses capitulaires, en 865, à aucun de ceux qui nous refu-
» sent serment de fidélité, *infideles vel contrarii nostri*, s'ils
» sont hommes libres, de demeurer en notre royaume et d'y
» posséder quoi que ce soit [1]. »

Le duc Girart était le plus en vue parmi ces *infideles* ou *contrarii*. Flodoard, dans son *Histoire de l'Église de Reims*, nous a conservé le résumé fort curieux d'une lettre que Girart adressait à cette époque à l'archevêque Hincmar. Le comte de Lyon avait, dans le royaume de Charles le Chauve, aux environs d'Auxerre et de Langres, de vastes possessions et y avait fondé, vers l'année 860, deux abbayes, l'une à Vézelay, l'autre à Pothières. Ayant appris que tous ses biens allaient être confisqués par le roi, ainsi que les deux monastères qu'il venait de mettre sous la protection du Saint-Siège, il écrivit à Hincmar, le priant d'avertir Charles le Chauve que, si les deux abbayes n'étaient pas respectées, lui Girart s'emparerait de tout ce qui pouvait appartenir au roi des Francs dans la Bourgogne cisjurane [2].

Comme le prouve cette lettre du duc Girart, les biens d'un certain nombre de seigneurs bourguignons durent être alors

---

désignés par Charles le Chauve lui-même, dans les capitulaires qu'il envoya en Bourgogne au mois de février 865 : *nostri infideles et communes contrarii* (cap. I) ; *idem* (capit. XIII). Voir dom Bouquet, VII, 667 et 669.

[1] *Praecipimus... ut omnes qui fidelitatem nobis adhuc promissam non habent, fidelitatem nobis promittant ;... ut qui fidelitatem nobis promiserunt, et post illud sacramentum ad infideles nostros in nostrum damnum se conjunxerunt, proprietas illorum in nostrum indominicatum recipiatur ;... ut nullus infidelium nostrorum, qui liberi homines sunt, in nostro regno immorari vel proprietatem habere permittatur, nisi fidelitatem nobis promiserit, et noster aut nostris fidelis homo deveniat* (dom Bouquet, VII, 668).

[2] *De hoc etiam quod scripserat [Hincmaro] hic comes [Gerardus] se audisse quod rex iste Karolus monasteria vellet usurpare quae beato Petro apostolo idem Gerardus tradiderat, et quia si res ipsius, quae in hoc regno conjacerent, ab eo forent ablatae, ipse, licet invitus, res hujus regni quae in illo habebantur regno praesumeret* (Flodoard, *Hist. eccl. Rem.* l. III, c. 26, Pertz, *Scriptores*, XIII, 510).

mis sous séquestre. Les fonctions, que le comte Eudes exerçait en Bourgogne, le désignaient pour présider à l'exécution des ordres de Charles le Chauve, et nous voyons en effet qu'il fut chargé de veiller à la confiscation des domaines des seigneurs infidèles [1].

Ces violentes dissensions, qui éclatèrent vers 863-864 entre Charles le Chauve et les seigneurs bourguignons du royaume de Lothaire, faillirent amener une guerre générale. Lothaire prit fait et cause pour ses sujets. Vers le mois de mai 864, il eut, à Orbe en Suisse, avec son frère l'empereur Louis, une entrevue où ils durent s'entendre sur les moyens à prendre pour empêcher Charles le Chauve de porter la moindre atteinte à l'ancien royaume de Provence.

A dater de cette entrevue, l'empereur Louis ne manqua pas une occasion de témoigner à son oncle Charles le Chauve le plus mauvais vouloir. Un mois à peine s'était écoulé, qu'il refusait aux députés de Charles l'entrée en Italie ; peu après, il défendait au Pape de lui envoyer des ambassadeurs [2].

---

[1] Un bourguignon, nommé Evrard, possédait, près de Mâcon, la villa de Senneçé. Ce seigneur, ayant refusé de prêter serment de fidélité à Charles le Chauve, sa villa fut confisquée au profit du fisc royal. Quand la paix fut faite, Evrard réclama de Charles la restitution de Senneçé : Charles y consentit, et Evrard se dessaisit aussitôt de ce domaine en faveur d'un de ses neveux, Adalart ; mais il n'avait pas eu la précaution de se munir d'un diplôme royal constatant sa rentrée en possession. Le comte Eudes, dans une de ses tournées, voyant Adalart détenir indûment une villa récemment mise sous séquestre, s'en saisit de nouveau au nom du roi. L'affaire ne fut terminée que le 8 juin 871. A cette date, Charles le Chauve accorda à Adalart un diplôme qui lui confirmait la possession de Senneçé. C'est dans ce diplôme que se trouvent les quelques renseignements relatifs à ce différend : *Aledrannus*, dit le roi, *...intulit qualiter Hevrardus res sue proprietatis, sitas in comitatu Matisconensi, in villa que vocatur Senisciacus... contra nos, a nostra fidelitate deviando, forfecerit et ob id ad fiscum nostrum ipse res devenerunt... Nos easdem res... Hevrardo... reddiderimus, et ipse eas nepoti suo... Adalardo tradiderit... Oddo comes easdem res ad nostrum fiscum receperit, quia Hevrardus..., cui ipsas res reddimus, preceptum... non exinde obtinuerit* (Bruel, *Cart. de Cluny*, T. I, p. 20).

[2] *Lotharius obviam fratri suo ad locum qui Urba dicitur vadit. Carolus cum epistolis, per Rodbertum, Cinomannicae urbis episcopum, Romam, sicut Apostolicus jusserat, Rothadum dirigit... quibus Hludowicus transitum denegat* (*Ann. Bert.*, ad ann. 864, dom Bouquet, VII, 87). — *Hludowicus a Nicolao, Romanae sedis pontifice, per Arsenium apocrisarium petitur ut eidem papae legatos suos liceat pro quibusdam causis ecclesiasticis ad Carolum mittere ; sed credens quia non sincera intentione adversus eum velit in Franciam missos suos dirigere, contradicit* (*Ann. Bert.*, ad ann. 864, dom Bouquet, VII, 88).

De son côté, Charles, vers le milieu du mois de février 865, eut, à Tousey[1], près de Vaucouleurs, une conférence avec son frère Louis le Germanique. Il envoya de là en Bourgogne plusieurs capitulaires qui nous ont été conservés. Les dispositions qui y sont contenues offrent le plus haut intérêt : elles nous montrent quelle était alors la situation politique des marches bourguignonnes, situation sur laquelle les historiens ont gardé le silence le plus absolu. D'après ces capitulaires, les États de Charles le Chauve étaient, semble-t-il, sur le point d'être envahis.

« Si ceux qui nous sont infidèles, dit le roi, s'apprêtent à
» dévaster notre royaume, nous voulons que tous nos fidèles,
» tant évêques qu'abbés, comtes, hommes des abbesses et
» vassaux, s'unissent entre eux dans l'étendue d'un missa-
» ticum ; que nos missi veillent à ce que chaque évêque, abbé
» et abbesse envoient, au temps et lieu indiqués, leurs
» hommes tout armés sous la conduite d'un gonfalonier. Et
» si un seul missaticum ne suffit pas à repousser les ennemis,
» que nos missi réclament au plus vite l'aide du missaticum
» voisin : si cela n'était pas suffisant, qu'ils aient alors recours
» à notre personne pour que nous leur apportions par nous-
» même ou par notre fils le secours nécessaire. Quant à nos
» missi, évêques, comtes et vassaux, résidant sur les fleuves
» que doivent traverser nos ennemis, qu'ils fassent en sorte
» de bien garder leurs navires pour empêcher toute descente
» préjudiciable à notre royaume. Et si, dans la suite, par la
» négligence de quelqu'un, ces dits navires n'étaient pas
» bien gardés, qu'on nous le fasse savoir pour que nous
» agissions à l'égard du contempteur de nos ordres comme
» à l'égard d'un traître au pays[2]. »

[1] Tousey, cne Vaucouleurs, Meuse, arrt Commercy.
[2] *Praecipimus... ut si infideles nostri se adunaverint ad devastationem regni nostri, fideles nostri, tam episcopi quam abbates et comites et abbatissarum homines, sed et ipsi comites ac vassi nostri seu ceteri quique fideles Dei ac nostri de uno missatico se in unum adunare procurent. Et missi nostri de ipso missatico providentiam habeant qualiter unusquisque episcopus, vel abbas seu abbatissa, cum omni plenitudine et necessario hostili apparatu et ad tempus, suos homines illuc transmiserit cum gunfanorio... Et si de uno missatico ad hoc praevalere non potuerint, ad alium missaticum celeriter missos suos dirigant, et omnes, sicut praediximus, de alio missatico ad illos qui indigent praeparati occurrant. Et si illi duo missatici ad hoc non suffecerint, nobis ad tempus hoc mandent, qualiter aut per nos, aut per filium*

Ces dispositions, on le voit, sont loin d'être pacifiques. Lothaire se montra extrêmement effrayé de l'entrevue de Tousey : il crut que ses oncles méditaient d'anéantir son propre royaume. Sans perdre un instant, il écrivit à son frère Louis d'obtenir du pape qu'il intervînt auprès des deux rois pour le maintien de la paix et la sauvegarde du royaume de Lorraine[1].

Le pape Nicolas consentit aisément à remplir ce rôle de pacificateur. Dès le mois de juin 865, il envoyait au-delà des Alpes le légat Arsenius[2]. Nous possédons les lettres du pape annonçant l'arrivée d'Arsenius aux évêques de Gaule : il les invite entre autres choses à avertir le roi Charles de renoncer à sa téméraire ambition, de ne plus convoiter le royaume de l'empereur Louis ni de menacer les frontière du roi Lothaire[3]. Faut-il attribuer à l'influence du pape Nicolas Ier la paix qui suivit de près la venue en Gaule du légat Arsenius ? Vers le mois de juillet 865, Charles et Lothaire se réconcilièrent solennellement à Attigny[4], et, depuis cette époque, leurs rapports restèrent assez pacifiques. Charles cependant

nostrum, aut sicut viderimus, eis necessarium solatium transmittimus... Et missi nostri, cum episcopis et comitibus ac vassis nostris, qui super aquas commanent, per quas infideles nostri ad regnum nostrum transeunt, ordinent qualiter illae naves custodiantur, ne infideles nostri ad regnum nostrum devastandum transire possint. Et per cujus neglectum ipsae naves postea bene custoditae non fuerint, nobis renuntietur, ut nos decernamus qualiter de illo contemptore praecepti nostri quasi de proditore patriae agi debeat (dom Bouquet, VII, 669 et 670).

[1] *Lotharius, vero putans quod sibi regnum subripere et inter se vellent dividere, Liutfridum avunculum suum ad fratrem et Italiae imperatorem transmittit, petens illum apud Apostolicum obtinere quatenus pro eo patruis suis epistolas mitteret ut, pacem servantes, de regno suo nullum ei impedimentum facerent; quod et Hludowicus imperator obtinuit (Ann. Bert.,* ad ann. 865, dom Bouquet, VII, 89).

[2] *Arsenius episcopus, Nicolai, papae Romanae urbis, legatus, ob pacem et concordiam inter Hludowicum et Karolum fratrem ejus, necnon Hlotarium nepotem eorum, renovandam atque constituendam missus est in Franciam (Ann. Fuld.,* ad ann. 865, dom Bouquet, VII, 172).

[3] *Cesset temeraria praesumptio, et avidi anhelitus medullitus comprimantur, maxime finibus dilecti filii nostri excellentissimi Augusti, vel a metis regni uterini ejus longe distantis* (dom Bouquet, VII, 401).

[4] *Interea Lotharius missos suos ad Carolum dirigit, volens et petens ut mutua firmitate inter eos amicitia foederarentur : quod, et Irmentrude regina interveniente, obtinuit. Et veniens in Attiniacum, amicabiliter et honorifice a Carolo est susceptus et foedere postulato receptus (Ann. Bert.,* ad ann. 865, dom Bouquet, VII, 91).

ne renonça jamais, comme la suite des événements le prouvera, au désir de joindre à ses États l'ancien royaume de Provence ; mais peut-être l'attitude résolue des seigneurs de cette région, et peut-être aussi quelques revers que n'ont point signalés les historiens, le déterminèrent-ils à accepter une trêve temporaire. Il est certain qu'en 868 le duc Girart et Charles le Chauve étaient dans les meilleurs termes, comme le prouve un diplôme où Charles appelle Girart *carissimus valdeque amantissimus nobis* [1].

Après la conclusion de cette paix, il fut loisible au comte Eudes de se relâcher pendant quelque temps de l'active surveillance qu'il avait dû exercer jusque là en Bourgogne. Dans les premiers mois de l'année 866, l'oncle du roi, Raoul, comte de Troyes, mourut subitement. Eudes, qui avait été dépouillé en 859 du comté de Troyes, put alors rentrer en possession de ce gouvernement [2], et cela explique comment, aussitôt après la mort de Raoul, il eut à intervenir dans les contrées voisines de la Seine. Les Normands, ayant remonté le cours de ce fleuve, s'étaient avancés jusqu'à Melun. Pour empêcher leur débarquement, Charles le Chauve dirigea contre eux plusieurs troupes : à la tête de la plus importante, il préposa Robert le Fort et le comte Eudes. La renommée de Robert et d'Eudes brillait alors du plus vif éclat ; mais cette expédition n'ajouta rien à leur gloire. S'étant trouvés trop inférieurs en nombre, ils aimèrent mieux reculer que livrer combat aux Normands, et les pirates, chargés de butin, purent impunément regagner leurs navires. A la suite de cet échec, Charles le Chauve dut acheter la paix de ces pillards moyennant quatre mille livres d'argent [3].

---

[1] Voir Aug. Longnon, *Girart de Roussillon dans l'histoire* (*Revue historique*, année 1878, p. 260).

[2] Ce qui donne lieu de croire qu'en 866, Eudes rentra en possession du comté de Troyes, c'est que, après sa mort, ses deux fils lui succédèrent l'un après l'autre dans cette charge.

[3] *Rodulfus, Caroli regis avunculus, passione colica moritur. Nortmanni per alveum Sequanae ascendentes usque ad castrum Milidunum, et scarae Karoli ex utraque parte ipsius fluminis pergunt ; et, egressis eisdem Nortmannis a navibus, super scaram quae major et fortior videbatur, cujus praefecti erant Rodbertus et Odo, sine conflictu eam in fugam mittunt, et, onustis praeda navibus, ad suos redeunt. Karolus cum eisdem Nortmannis in quatuor millium libris argenti ad pensam eorum paciscitur* (*Ann. Bert.*, ad ann. 866, dom Bouquet, VII, 92).

Le comte Eudes continua d'ailleurs d'exercer jusqu'à sa mort les fonctions que le roi lui avait confiées dans toute la région adjacente à la Saône. A la fin du mois de décembre 866, en compagnie d'Isaac, évêque de Langres, il présidait à Lux[1], comme *missus dominicus*, un plaid de justice. A ce plaid comparut l'avoué du monastère de Saint-Bénigne de Dijon, portant plainte contre un certain Hildeberne, qui avait fait abattre par ses fermiers des chênes de la forêt de Saint-Bénigne sur les territoires de Cessey[2] et de Bressey[3].

Hildeberne fut assigné à comparaître dans les quarante nuits par devant Eudes et Isaac qui s'apprêtaient à poursuivre leur tournée d'inspection dans l'Attouar et l'Oscheret[4]. Les quarante nuits expirées, au mois de février 867, le comte Eudes et Isaac se trouvaient à Couzon, *in Curagone*[5], sur les frontières des pays de Langres et d'Attouar; l'avoué de Saint-Bénigne se représenta devant eux. Hildeberne ne répondit pas à l'assignation et fut condamné par défaut[6]. Deux ans plus tard, Eudes était encore appelé en cette contrée par ses fonctions de *missus dominicus*. Comme il était à Couternon[7] pour y rendre la justice, le procès entre Hildeberne et l'avoué de Saint-Bénigne fut définitivement terminé[8].

---

[1] Lux, Côte-d'Or, arr^t Dijon, c^{on} Is-sur-Tille.

[2] Cessey-sur-Tille, Côte-d'Or, arr^t Dijon, c^{on} Genlis.

[3] Bressey-sur-Tille, Côte-d'Or, arr^t et c^{on} Dijon.

[4] *Post XL noctes, in proximo mallo quod in Uscarense et in Attoeriis ipsi missi tenent.* — Sur les deux pagi d'Attouar et d'Oscheret, voir Aug. Longnon, *Atlas historique*, p. 96.

[5] Couzon, Haute-Marne, arr^t Langres, c^{on} Prauthoy.

[6] Les deux actes relatifs à cette affaire se trouvaient dans le cartulaire de Saint-Bénigne de Dijon; ils ont été publiés par Pérard, *Recueil de plusieurs pièces curieuses servant à l'histoire de Bourgogne*, p. 147 et 148. Le premier de ces actes, passé à Lux, est ainsi daté: *Die martis in mense decembris, in anno XXVII regnante Karolo rege*, c'est-à-dire le mois de décembre 866. Le second acte postérieur de 40 jours au premier est de février 867. Le copiste du cartulaire de Saint-Bénigne l'a daté du mois de février de la XXVIIIe année du règne de Charles le Chauve; c'est la XXVIIe année qu'il faut lire. Les erreurs de transcription de ce genre ne sont pas rares dans les cartulaires. Peut-être même n'y a-t-il pas erreur de transcription; il est possible que le rédacteur de la charte ait ajouté une unité à l'année du règne en même temps qu'à l'année de l'incarnation, et qu'il ait fait son calcul comme si Charles le Chauve était devenu roi le 1er janvier 840.

[7] Couternon, Côte-d'Or, arr^t et c^{on} Dijon.

[8] Pérard, *ibid.*, p. 149. Cet acte est ainsi daté: *Die martis, in Curtanono, anno XXX regnante domino nostro Karolo rege*.

L'influence du comte Eudes sur la région supérieure du cours de la Saône est donc certaine; mais elle s'étendait beaucoup plus bas jusqu'en Mâconnais et en Autunois. Nous avons déjà vu comment Eudes intervint vers cette époque dans le comté de Mâcon, où il confisqua au nom du roi la villa de Sennecé. Un autre document du même temps nous le montre pris comme arbitre dans le comté d'Autun pour un différend qui s'était élevé au sujet de la villa de Perrecy[1]. L'archevêque de Bourges, Vulfald, et le comte Eccard se disputaient la propriété du domaine de Perrecy. Vulfald intenta un procès à Eccard : l'affaire fut portée devant l'évêque d'Autun, Leudo, et le comte Adalart[2], qui, comme *missi dominici*, tenaient un plaid dans le village de Mont[3]. Les deux parties produisirent divers témoins : l'un d'entre eux, nommé Mauron, prétendit qu'on avait déjà eu recours au comte Eudes relativement à la possession de Perrecy; mais il ignorait ce qui en était advenu[4].

Le comte Eudes, avant de mourir, fut encore employé à diverses missions par Charles le Chauve. Le 8 août 869, Lothaire, roi de Lorraine, finissait misérablement ses jours à Plaisance, en Italie. Ce fut une occasion pour Charles de détourner à son profit un héritage si longtemps convoité. Un mois ne s'était pas écoulé depuis la mort de Lothaire qu'au mépris des droits de l'empereur Louis, frère et héritier du défunt, Charles le Chauve faisait déjà acte d'autorité en Provence. Il députait à Vienne le comte Eudes et signifiait à l'archevêque de cette ville, Adon, de sacrer Bernier comme évêque de Grenoble[5].

---

[1] Perrecy-les-Forges, Saône-et-Loire, arrt Charolles, con Toulon-sur-Arroux.

[2] Le comte Eccard gagna son procès contre Vulfald, car, en 876, il donnait la villa de Perrecy à l'abbaye de Saint-Benoit-sur-Loire *(Gallia Christiana*, T. VIII, col. 1544).

[3] Mont, Saône-et-Loire, arrt Charolles, con Bourbon-Lancy.

[4] *Deinde audivit quod venit ad Odono comiti pro ipsa ratione, sed nesciebat quod inde fecit; amplius illi cognitum non erat* (Pérard, ibid., p. 33). Cet acte n'est point daté : sa rédaction se place entre les années 866 et 871. En effet Vulfald fut archevêque de Bourges de 866 à 876; d'autre part, le comte Eudes mourut en 871.

[5] La lettre de Charles le Chauve ordonnant à Adon de sacrer l'évêque de Grenoble fut reçue par Adon le 27 août, *accepta VI kal. septembris* (dom Bouquet, VII, 560). Eudes était déjà depuis quelques jours à Vienne : *Per Odonem et alios fideles nostros voluntatem nostram vobis aperuimus* (ibidem).

Toutefois Charles ne fut pas sans rencontrer d'obstacles dans la réalisation de ses projets. Une grande partie des seigneurs provençaux, et surtout le comte de Lyon, Girart, lui opposèrent la plus vive résistance. D'autre part, l'empereur Louis, dont les droits à l'héritage fraternel étaient indiscutables, fit intervenir le pape Adrien en sa faveur[1].

Charles le Chauve ne pouvait plus triompher que par la violence. Mais, avant de marcher sur Lyon les armes à la main, il voulut s'assurer la neutralité de son frère, Louis de Bavière. A cet effet, il consacra l'année 870 presque tout entière à des négociations qui amenèrent la conclusion du traité de Mersen (8 août 870). Aux termes de ce traité, Charles et Louis de Bavière partageaient entre eux les États de leur neveu, le roi Lothaire[2]. La majeure partie de la Bourgogne cisjurane, les comtés de Lyon, de Vienne, de Viviers et d'Uzès échurent à Charles.

L'empereur Louis comprit alors que toutes ces provinces allaient lui échapper : il tenta une dernière fois d'employer contre l'usurpateur l'influence du pape et les menaces d'anathème[3]. Vers le mois de novembre, Charles le Chauve marchait sur Lyon, s'en emparait, et, avant le 25 décembre, la ville de Vienne, longtemps défendue par Berthe, la vaillante femme du comte de Lyon, tombait au pouvoir du roi des Francs. Toute résistance était désormais inutile : Girart vint lui-même se livrer à Charles, qui lui accorda trois navires pour se retirer par le Rhône, en emportant tous ses meubles[4].

Après la prise de Vienne, le gouvernement du comté fut donné à Boson, beau-frère du roi[5]. Le comte Eudes paraît avoir rempli à Lyon une mission analogue à celle de Boson à Vienne. Il fit en effet restituer alors à Rémy[6], archevêque

---

[1] *Ann. Bert.*, ad ann. 869, dom Bouquet, VII, 107 et 108.
[2] *Ann. Bert.*, ad ann. 870, *ibidem*, VII, 108 et 109.
[3] *Ann. Bert.*, ad ann. 870, *ibidem*, VII, 111.
[4] *Carolus, tribus navibus Gerardo datis, per Rhodanum, cum sua uxore Berta et mobilibus suis a Vienna permisit abscedere (Ann. Bert.*, ad ann. 871, dom Bouquet, VII, 112).
[5] *Ipsam Viennam Bosoni, fratri uxoris suae, commisit (ibidem).*
[6] Le diplôme de Charles le Chauve confirmant cette restitution n'est pas daté. Il dut être accordé en 871, puisque Charles n'entra à Lyon que vers

de Lyon, les villas de Changy en Autunois [1] et d'Écuelles en Chalonnais [2].

Je crois que vers la même époque Eudes rentra en possession du comté de Châteaudun qui lui avait été enlevé en 859. Lambert, qui l'avait remplacé dans cette charge, semble être mort ou du moins avoir quitté la Gaule vers 870 [3]; le roi aurait alors rendu à Eudes, fidèle exécuteur de ses commandements, *fidelitatis strenuus executor*, les offices que ce comte avait autrefois possédés [4]. Quelques années plus tard, en effet, le fils aîné d'Eudes est signalé comme exerçant son autorité sur les pays de Châteaudun et de Chartres.

Eudes ne survécut guère à la conquête du duché de Lyon par Charles le Chauve. Signalé une dernière fois le 8 juin 871 [5], il mourut le 10 août de la même année [6], léguant au chapitre

---

décembre 870 et qu'Eudes mourut le 10 août 871. Ce diplôme a été publié par dom Bouquet, VIII, 622; Eudes y est ainsi désigné: *Oddo illustris comes et nostrae fidelitatis strenuus executor*.

[1] Changy, Saône-et-Loire, arr^t et c^{on} Charolles.

[2] Ecuelles, Saône-et-Loire, c^{on} Verdun-sur-le-Doubs, arr^t Châlon-sur-Saône.

[3] Le comte Lambert appartenait, suivant toute vraisemblance, à la famille des Lamberts et des Guis, puissante en Neustrie au IXe siècle, et à laquelle se rattachait la branche italienne des ducs de Spolète. Un allemand, M. Wüstenfeld, a publié un important travail sur cette famille dans les *Forschungen zur deütschen Geschichte* (T. III, année 1863, p. 383-434). M. Wüstenfeld a signalé la présence en Italie, dans le courant de l'année 871, d'un comte de Gaule, nommé Lambert, lequel se trouva mêlé aux luttes que soutint alors le duc de Spolète, Lambert, contre l'empereur Louis II, (livre cité, p. 404 et 405). Pour distinguer ces deux homonymes, Hincmar dans ses annales appelle le comte de Gaule, *Landbertus Calvus*. Ce qui prouve, comme l'a justement fait observer M. Wüstenfeld, que ce personnage était bien connu en deçà des Alpes. On pourrait peut-être reconnaître dans ce comte de Gaule, surnommé par Hincmar, Lambert le Chauve, notre comte de Châteaudun, Lambert, qui aurait été attiré en Italie par la haute fortune et la renommée de son parent, le duc de Spolète. Lambert le Chauve mourut dans le sud de l'Italie, en 873 (*Ann. Bertin.*, ad ann. 873, dom Bouquet, VII, 116).

[4] A cette époque le roi se plaisait à accumuler entre les mains de ses favoris honneurs sur honneurs. C'est ainsi que Boson, déjà comte en Bourgogne, était, en 871, gratifié du comté de Vienne; en 872, du comté de Bourges; en 876, du duché de Pavie (*Ann. Bert.*, à ces dates). Dans le même temps, Hugues l'abbé était à la fois comte de Tours, d'Angers, d'Orléans et duc des pays d'entre Seine et Loire (Cf. Em. Bourgeois, *Hugues l'Abbé*).

[5] Il s'agit ici du diplôme de Charles le Chauve, daté du 8 juin 871, où Eudes est mentionné comme délégué du roi en Mâconnais (Bruel, *Cart. de Cluny*, I, 20).

[6] On lit dans l'obituaire du chapitre de Saint-Martin de Tours au IV des Ides d'août (10 août): *Obiit Fredegisus, abba, et Odo, comes* (Nécrologe de

de Saint-Martin de Tours la villa de Nogent en Omois, que le comte Boson et Bernard, ses exécuteurs testamentaires, remirent entre les mains de l'abbé Hugues, en ce même mois d'août 871[1].

Eudes avait épousé Guandilmode : il eut de son mariage deux fils, Eudes et Robert. Au mois de mai 846, Eudes et Guandilmode avaient fait ensemble une donation au chapitre de Saint-Martin de Tours : leurs deux fils ne devaient pas être encore nés[2]. Guandilmode mourut avant son mari. Le testament d'Eudes en faveur du chapitre Saint-Martin de Tours nous apprend en effet qu'Eudes avait, à la mort de Guandilmode, aliéné déjà une partie de la villa de Nogent en Omois, *villam Novientum, excepto quod olim Odo dederat ad sepulturam uxoris suae*[3].

Le comte Eudes en mourant laissait sans titulaire plusieurs charges importantes, dont ses deux fils semblaient appelés à hériter : la plus considérable de ces charges était celle qu'Eudes avait eue comme représentant du roi en Bourgogne. Mais, de même que Robert et Eudes, les fils de Robert le Fort, avaient été, en 866, jugés trop jeunes pour succéder à leur père dans le duché d'entre Seine et Loire[4], de même

---

Saint-Martin de Tours, Bibliothèque Nationale, coll. Baluze, T. 77, (f° 432 r°) Frédégise, abbé de Saint-Martin, mourut le 10 août 834. Quant à Eudes, dont il est ici question, on doit y reconnaître notre comte Eudes, qui légua à Saint-Martin de Tours la villa de Nogent à condition que les chanoines priassent pour le repos de son âme. — Diverses raisons concourent à prouver que c'est bien de lui qu'il s'agit ici. En effet, il n'y eut jamais que deux comtes de Tours du nom d'Eudes, et ils ne moururent ni l'un ni l'autre au mois d'août. Le premier, qui fut comte de Tours et de Chartres, décéda le 12 mars 995 (obituaire de Saint-Père de Chartres, ms. 1038 de la Bibl. communale de Chartres) ; le second, qui fut comte de Tours, de Chartres et de Troyes, fut tué le 15 novembre 1037 dans un combat célèbre contre Gothelon, duc de Lorraine (Cf. d'Arbois de Jubainville, *Hist. des comtes de Champagne*, I, p. 313). Ce n'est donc pas un comte de Tours qui est mentionné au 10 août dans le nécrologe de Saint-Martin. — Ajoutons qu'il est certain que notre comte Eudes, encore vivant le 8 juin 871, était mort avant la fin d'août suivant, époque où ses exécuteurs testamentaires donnèrent en son nom la villa de Nogent au chapitre de Saint-Martin de Tours.

[1] Voir *pièces justificatives*, n° IV.
[2] Cf. *ibidem*, n° III.
[3] Cf. *ibidem*, n° IV.
[4] *Siquidem Odo et Ruotbertus, filii Ruotberti, adhuc parvuli erant* (Réginon, ad ann. 867, Pertz, *Scriptores*, I, 578).

Eudes et Robert, fils du comte Eudes, furent, en 871, considérés par Charles le Chauve comme incapables de remplir en Bourgogne la mission autrefois confiée à leur père.

A la mort de Robert le Fort, Hugues l'Abbé avait été envoyé en Neustrie pour le remplacer [1] : quand Eudes mourut, ce fut l'un de ses exécuteurs testamentaires, le comte Boson, qui le remplaça en Bourgogne [2].

Quant aux comtés de Châteaudun et de Troyes, ils furent, semble-t-il, réservés aux fils du défunt, qui, pour cause de minorité, n'en furent pas aussitôt mis en possession. Ce fut peut-être le duc d'entre Seine et Loire, Hugues l'Abbé, qui eut la garde provisoire du pays Dunois [3]. D'autre part, on voit par les titres que Boson administrait temporairement le comté de Troyes pendant les années qui suivirent immédiatement la mort du comte Eudes [4].

La dernière fois que Boson intervient officiellement dans le pays de Troyes, c'est le 20 mars 877 [5], époque où il obtenait de Charles le Chauve, en faveur de l'abbaye de Montier-la-Celle, la forêt de Jeugny [6] et 2 manses et demi à Lirey dans le Troiesin [7]. Quelques mois plus tard, son pupille, le jeune Eudes, agissait personnellement comme comte de

---

[1] *Hugonem in Neustriam loco Rotberti dirigit* (Ann. Bert., dom Bouquet, VII, 94).

[2] Depuis 871, en effet, Boson joua en Bourgogne un rôle analogue à celui qu'y avait joué jusque là le comte Eudes. On le voit dès lors en possession des plus riches abbayes des bords de la Saône (de Gingins la Sarra, *Bosonides*, Lausanne, 1851, in-8°, p. 41). — Entre 879 et 880, Boson céda à son frère Richard toute son autorité sur la Bourgogne (de Gingins, *ibidem*, p. 67). Richard a toujours été cité par les historiens comme le premier duc de Bourgogne, mais, d'après ce que j'ai dit précédemment, il y a lieu de conclure qu'avant d'appartenir à Richard, le duché de Bourgogne, créé par Charles le Chauve pour faire face aux attaques des seigneurs d'outre Saône, fut confié vers 862 à Eudes, puis, de 871 à 879 environ, au comte Boson.

[3] Au commencement de l'année 878, c'est Hugues l'Abbé qui appelle en Neustrie le roi Louis le Bègue, pour obtenir son intervention contre les fils de Geoffroi du Maine qui s'étaient emparés de Châteaudun et avaient usurpé les honneurs du jeune comte Eudes. Voir plus loin, p. 63, notes 2 et 3.

[4] D'Arbois de Jubainville, *Histoire des comtes de Champagne*, T. I, p. 64, 65.

[5] Vers la même époque, Boson obtint, pour l'abbaye de Montiéramey au comté de Troyes, un diplôme de Charles le Chauve. Cf. A. Giry, *Études carolingiennes*, dans *Études... dédiées à G. Monod.*, p. 128.

[6] Jeugny et Lirey, Aube, arr¹ Troyes, c^on Bouilly.

[7] Cf. dom Bouquet, VIII, 659.

Troyes. C'est à M. d'Arbois de Jubainville que revient le mérite d'avoir découvert le curieux document où Eudes est signalé pour la première fois avec son frère Robert[1]. Le 25 octobre 877[2], Eudes, comte de Troyes, met son frère Robert en possession du village de Chaource[3].

Dans cette charte, Eudes seul est qualifié de comte ; Robert n'y porte encore aucun titre[4]. Cette supériorité honorifique d'Eudes sur son frère ne peut s'expliquer que par une supériorité d'âge. Étant l'aîné de Robert, Eudes dut être d'abord seul chargé des dignités paternelles. Aussi, à la même époque, le voit-on intervenir dans les comtés que son père avait eus en Neustrie.

Louis, fils de Charles le Chauve, avait été sacré roi à Compiègne le 8 décembre 877. Les premiers mois de son règne furent signalés par les révoltes de plusieurs comtes qui lui étaient hostiles. La plus importante de ces révoltes fut celle qui éclata, immédiatement après son sacre, dans les pays d'entre Seine et Loire. Geoffroi, comte du Maine, et ses fils, ainsi que ses neveux, Bernard et Émenon[5], furent les promoteurs de cette sédition. On se souvient que le roi Louis

---

[1] *Histoire des comtes de Champagne*, t. I, p. 446. M. d'Arbois, en publiant ce texte, n'a pas reconnu les personnages qui y figuraient. Il a confondu Eudes et Robert, fils du comte Eudes, avec les fils de Robert le Fort. Son erreur a déjà été signalée par M. de Barthélemy dans son article sur les *Origines de la Maison de France* (*Revue des Quest. historiq.*, année 1873, T. I, p. 124).

[2] Vingt jours auparavant, le 6 octobre 877, Charles le Chauve, revenant d'Italie, était mort misérablement dans un village de Savoie.

[3] Chaource (Aube, arr¹ Bar-sur-Seine, ch. l. cᵒⁿ) appartenait, au IXᵉ siècle, au *pagus Tornodorensis* ou Tonnerrois ; mais depuis l'an 859 au plus tard le pagus Tornodorensis était uni au comté de Troyes. C'est ce que prouve un diplôme de Charles le Chauve en date du 10 janvier 859. La villa de *Silviniacus* (aujourd'hui Sainte-Vertu, au sud de Tonnerre), y est dite dépendre du comté de Troyes, quoiqu'étant dans le Tonnerrois ; *Precepimus... quandam villam de comitatu et dominio Trecassine urbis... restitui... Vocatur siquidem eadem villa... Silviniacus, et est in pago Tornodorensi... subdita potestati comitatus ejus urbis [Trecassine]*. Cf. dom Bouquet, VIII, p. 547. C'est donc comme comte de Troyes qu'Eudes, en 877, mit son frère Robert en possession de la villa de Chaource.

[4] C'est à la prière de sa femme, Richilde, la sœur du duc Boson, tuteur d'Eudes et de Robert, que Charles le Chauve, empereur, avait concédé la villa de Chaource au jeune Robert. Cf. Giry, *Études caroling.*, liv. cité, p. 127.

[5] Les deux frères, Bernard et Émenon, étaient fils de Blichilde, sœur de Geoffroi du Maine (Cf. *Histoire du Languedoc*, nouv. édition, note rectificative, T. II, p. 280).

avait été autrefois gratifié par son père Charles le Chauve du duché du Maine, et qu'il s'était alors aliéné tous les seigneurs de la région. Aussi le soulèvement qui eut lieu en Neustrie à la nouvelle de son avènement au trône n'a-t-il rien qui puisse surprendre.

Flodoard, dans son *Histoire de l'Église de Reims*, cite une lettre qu'Hincmar, en ces circonstances, écrivit à Gozlin, frère de Geoffroy du Maine, l'exhortant à détourner son frère ainsi que son neveu, Bernard, de leur révolte contre le roi [1]. Mais cette lettre fut sans effet. Tandis qu'Émenon, frère de Bernard, s'emparait d'Évreux et dévastait les environs, les fils de Geoffroi, se jetant sur les comtés voisins, se rendaient maîtres de Châteaudun [2], et dépouillaient de ses honneurs le jeune comte Eudes.

Le duc d'entre Seine et Loire, Hugues l'Abbé, retenu à Tours par une attaque imminente des Normands, ne put intervenir contre les envahisseurs des pays commis à sa garde. Il appela à son aide le roi Louis le Bègue qui était alors à Saint-Denis près de Paris. Le roi traversa la Seine et se rendit à Tours où il tomba malade. Contraint par la gravité des évènements à user de prudence, Louis consentit à recevoir en grâce le comte Geoffroi et ses fils, auxquels il confirma les honneurs du comte Eudes [3] (878).

---

[1] [*Scribit Hincmarus*] *Gozlino pro Bernardo nepote qui seditionem contra regem moliri ferebatur, hortans ut ab hac intentione studeat eum revocare, et ut ipse Gozlinus pro nullo carnali affectu a recta via declinet, fratrem quoque suum, Gotfridum, commoneat ut ambo, memores parentum suorum, a fidei sinceritate non degenerent* (dom Bouquet, VIII, 154).

[2] Hincmar rapporte que les fils de Geoffroi du Maine s'emparèrent alors d'un *castellum* appartenant au fils du défunt comte Eudes, *castellum filii Odonis, quondam comitis, invaserunt*. Or le comte Eudes ne possédait en cette région que Châteaudun et peut-être Chartres; Chartres avait titre de *civitas*, le *castellum*, dont il est ici question, ne peut donc être que Châteaudun, qui avait effectivement dès lors le titre de *castellum* : sur les deniers carolingiens du IXe siècle, cette ville est appelée CASTEL DVNO, DVNIS CASTELLO.

[3] [*Ludovicus*], *suadente Hugone, abbate et markione, perrexit ultra Sequanam, tam pro auxilio Hugonis contra Normannos quam et pro eo quod filii Gotfridi castellum et honores filii Odonis, quondam comitis, invaserant, et Imino, frater Bernardi, markionis, Ebrocensem civitatem usurpans, multas depraedationes circumcirca in illis regionibus exercebat... Et veniens Ludovicus usque Turonis, infirmatus est usque ad desperationem vitae; sed... aliquantulum convalescens... venit ad eum Gotfridus, adducens secum filios suos, ea conditione ut castellum et honores quos invaserant, Ludovico regi redderent, et postea per concessionem illius haberent* (Ann. Bertin., ad ann. 878, dom Bouquet, VIII, 28).

Moins d'une année s'était écoulée que Louis le Bègue mourait à Compiègne, le 10 avril 879, à l'âge de trente-trois ans. Il avait épousé, encore tout jeune, Ansgard, la sœur d'un comte de ses amis (mars 862)[1]. De ce mariage il avait eu une fille Gisla, et deux fils, Louis et Carloman, qui, après sa mort, furent sacrés rois au mois de septembre 879 et se partagèrent ses États en mars 880.

Louis et Carloman étaient fort jeunes; ils avaient à peine quinze ans l'un et l'autre lorsque leur père mourut. Aussi est-il naturel qu'ils aient recherché la société de jeunes gens de leur âge : cela explique la haute faveur dont jouirent sous le règne de ces princes les deux fils du comte Eudes. Robert semble avoir été lié d'une amitié toute particulière avec le roi Carloman, qui lui donna sa sœur Gisla en mariage[2]. Gisla, d'ailleurs, peu de temps après avoir épousé Robert, mourut à peine âgée de vingt ans.

Robert n'avait ni titre ni honneur lorsque son frère Eudes, comte de Troyes, le mit en possession de la villa de Chaource en 877; mais, après son union avec la sœur des rois Louis et

---

[1] Ce comte s'appelait Eudes. Ansgard et Eudes étaient les enfants du comte Hardouin. Eudes, fils d'Hardouin, ne peut être confondu avec le comte Eudes de Châteaudun, mort en 871. Le 13 janvier 859, Eudes, fils d'Hardouin, donna, du consentement de sa mère, Warimburge, diverses terres à l'abbaye de Saint-Maur-des-Fossés pour le repos de l'âme de son père, Hardouin. (Cf. Tardif, *Monuments historiques*). La charte est datée de la 19e année du règne de Charles le Chauve. Or, en janvier 859, Eudes de Châteaudun, révolté contre Charles le Chauve et dévoué à la cause alors triomphante de Louis le Germanique, n'aurait pas daté une charte du règne de Charles le Chauve. — Ce doit être le comte Eudes, fils d'Hardouin, que Charles envoya en ambassade, avec un autre comte Hardouin, auprès de Louis le Germanique en 870 (Cf. *Ann. Bert.*, ad ann. 870, dom Bouquet, VII, 109).

[2] Gisla, fille de Louis le Bègue et d'Ansgard, n'a pas été mentionnée par l'*Art de vérifier les dates* ni par aucun auteur moderne. Son existence cependant a été connue des auteurs de la fin du XVIe siècle et du commencement du XVIIe siècle. Gisla, en effet, était signalée dans le cartulaire de Montiéramey; mais ce cartulaire fut perdu vers le milieu du XVIIe siècle, la trace de Gisla fut effacée et les historiens postérieurs nièrent l'existence de cette princesse. Grâce à la précieuse analyse du cartulaire de Montiéramey qui nous a été conservée par André Duchesne, il est maintenant certain que Louis le Bègue eut une fille de ce nom (Cf. A. Giry, *Études caroling.*, livre cité, p. 130). — On sait que Carloman, frère de Gisla, mourut à l'âge de dix-huit ans en 884 (*Annales de Saint-Vaast*); il était donc né en 866. Son frère aîné, Louis, mort en 882, dut naître dans l'année qui suivit le mariage de Louis le Bègue, c'est-à-dire en 863. Quant à Gisla, morte avant Carloman, elle naquit vraisemblablement en 864 ou 865. Tous les enfants de Louis le Bègue et d'Ansgard moururent donc avant d'avoir accompli leur vingtième année.

Carloman[1], il s'éleva rapidement aux plus hautes charges. Il devint d'abord comte de Troyes : son frère Eudes lui céda ce gouvernement vers 880, lorsque lui-même fut rentré en possession des honneurs du Dunois et du Chartrain qui lui avaient été enlevés par les fils de Geoffroi, comte du Maine[2]. Plus tard, Robert devint ministre palatin : il portait ce titre quand il donna à l'abbaye de Montiéramey sa villa de Chaource[3]. Sa fortune était donc à son comble lorsqu'il périt à la fleur de l'âge dans un combat contre les Normands.

Tout le monde connaît la lutte mémorable que les Parisiens soutinrent en 886 contre les pirates danois. Cette lutte a été curieusement racontée par le poète Abbon, moine de Saint-Germain-des-Prés, et témoin oculaire des diverses

---

[1] M. F. Lot m'a fait observer que, d'après ma thèse, Robert de Troyes et Gisla étaient cousins au 7e degré, comme l'établit le tableau généalogique suivant :

```
                           N
            ┌──────────────┴──────────────┐
   Eudes, comte d'Orléans,         Guillaume, comte de Blois,
         † 834.                              † 834.
            │                                  │
      Hermentrude                   Eudes, comte de Troyes,
 épouse le roi Charles le Chauve.           † 871.
            │                                  │
      Louis le Bègue                   Robert de Troyes
      épouse Ansgard.                   épouse Gisla.
            │
         Gisla
    épouse Robert de Troyes.
```

Je crois bon de noter, à ce propos, que l'Église, au IXe siècle, se montrait bien moins sévère qu'elle ne le fut dans la suite à l'égard des unions entre proches parents. En cette matière, les règles canoniques étaient encore loin d'être fixées. D'après Raban Maur, sont seuls expressément interdits les mariages jusqu'à la 2e génération (cousins au 1er degré). Raban Maur s'empresse d'ajouter que, si l'on veut s'abstenir de se marier même jusqu'à la 5e, 6e ou 7e génération, il ne faut pas l'empêcher, mais plutôt l'approuver. C'est là un conseil et non pas un ordre (Cf. Raban Maur, *De consanguineorum nuptiis*, Migne, *P. L.*, t. 110, col. 1093 et ssv.). — Cette opinion de l'un des plus fameux prélats du IXe siècle suffit à prouver que Robert de Troyes, en épousant Gisla, n'avait pas commis d'infraction aux lois de l'Église, qui n'étaient pas, à cette époque et sur cette question, ce qu'elles furent aux XIe et XIIe siècles.

[2] La première fois que l'on trouve Robert mentionné comme comte de Troyes, c'est le 17 novembre 882 (Giry, *Études caroling.*, liv. cité, p. 131). — Il est bien certain qu'Eudes ne se serait pas dessaisi du comté de Troyes s'il n'avait reçu d'autres honneurs en retour. Sa rentrée en charge dans le pays chartrain n'est pas d'ailleurs une hypothèse : en 886, l'histoire nous montre Eudes défendant en personne la ville de Chartres contre les Normands.

[3] Cf. Giry, liv. cité, p. 129.

péripéties de cet épisode des guerres normandes[1]. Dans son poème, Abbon nous a conservé le souvenir des deux frères, Eudes et Robert de Troyes, et les a peints sous le jour le plus favorable.

Le siège de Paris par les Normands commença au mois de novembre 885 et ne fut levé qu'au mois de novembre 886. On sait avec quelle énergie se défendirent les Parisiens sous la conduite de leur comte Eudes, fils de Robert le Fort. Aussi, après plusieurs assauts infructueux, un grand nombre d'assaillants se décidèrent-ils, en février 886, à s'éloigner des murs de Paris. Ils se répandirent dans les contrées voisines pour s'y livrer au pillage. Le pays de Troyes fut le but d'une de leurs premières expéditions; d'après Abbon, aucun Normand n'y avait encore pénétré. C'est alors que le jeune comte Robert, surpris par une troupe de pirates, trouva la mort dans sa propre maison. Voici comment le poète Abbon raconte l'événement : « Les Normands montent sur leurs coursiers plus
» rapides que l'oiseau et se dirigent vers les contrées qui res-
» taient seules à la triste France encore exemptes de ravages.
» Ils détruisent toutes les habitations dont les maîtres ont fui
» devant eux et attaquent celle de l'illustre Robert, surnommé
» le Porte-Carquois (*Pharetratus*). Un seul chevalier était
» avec lui pour le servir ; une seule maison les renfermait
» tous deux. — Je vois, dit le chevalier à son seigneur, je
» vois des Normands accourir à grands pas. — Robert veut
» prendre son bouclier ; mais il ne le voit plus, sa troupe
» l'avait emporté en allant par ses ordres à la découverte
» des Danois. Cependant il s'élance sur eux l'épée nue, en
» perce deux et lui-même succombe à la mort le troisième,
» car personne ne vint à son secours. Son neveu Alleaume
» était alors avec la troupe de ce comte : grandement
» attristé, il s'écrie : — Allons, braves guerriers, prenez vos
» boucliers et vos armes, et courons venger la mort de mon
» oncle. — Il dit, et marche sur la villa, attaque les infâmes
» brigands, les bat, les massacre et remplit toute l'habitation
» de leurs corps expirants[2] » (février 886).

[1] Récemment, l'histoire du siège de Paris par les Normands a été étudiée d'une façon très remarquable par M. Ed. Favre dans son livre sur le roi Eudes, *Eudes, comte de Paris et roi de France*, Paris, 1893, in-8°.

[2] Abbon, l. I, vers 138-160, traduction Taranne, 129-131. La présence de

Alleaume, qui vengea si énergiquement la mort de son oncle Robert, lui succéda aussitôt dans le comté de Troyes[1]. Eudes, frère du défunt, aurait dû recevoir cet héritage ; mais il était lui-même occupé à repousser les Normands du Chartrain, et le pays de Troyes ne pouvait, en ces circonstances, demeurer sans défenseur[2].

Dans le même temps, une autre troupe de Normands s'était éloignée de Paris pour aller piller les pays occidentaux de la Gaule. Ce fut le Chartrain et le Maine qui eurent d'abord à souffrir de leurs brigandages. Le comte Eudes, de Chartres[3],

Robert, comte de Troyes, et de son neveu, Alleaume, dans le poëme d'Abbon, m'a été signalée par M. Aug. Longnon. Une charte du cartulaire de Montiéramey rend certaine l'identification du comte Robert dont il est ici question avec Robert, comte de Troyes. Dans cette charte, datée de 893, Alleaume, comte de Troyes, appelle son prédécesseur, Robert, *avunculus noster*, comme il le fait dans le poëme (Giry, *Études carolingiennes*, liv. cité, p. 133).

[1] Alleaume, devenu comte de Troyes, est signalé de nouveau dans le poëme d'Abbon comme accompagnant Eudes, comte de Paris, qui, au mois de juin 888, revenait d'Allemagne, où il avait été demander des secours à l'empereur (Abbon, l. II, vers 209-216, p. 181-183). La dernière fois que nous voyons Alleaume agir dans les chartes comme comte de Troyes c'est au mois de février 893. A cette date, il confirme à l'abbaye de Montiéramey la villa de Chaource que son oncle Robert avait autrefois donnée à ce monastère. Cet acte nous apprend que la femme d'Alleaume se nommait Ermengarde (Giry, *Études carol.*, p. 133). D'après le nécrologe de Montiéramey, Alleaume mourut le 22 avril d'une année inconnue, *X Kalendas maii, obiit Adelermus, comes* (Bibl. Nat., collect. *Duchesne*, T. XXI, f° 7). Au mois de décembre 926, le successeur d'Alleaume, Richard, comte de Troyes, est nommé dans un diplôme du roi Raoul (Giry, ibidem, p. 134). — M. d'Arbois de Jubainville, dans son *Histoire des comtes de Champagne*, a nié à tort l'existence d'Alleaume et de Richard en tant que comtes de Troyes. M. Ed. Favre n'a pas mieux réussi dans l'essai qu'il a fait pour reconstituer la liste des comtes de Troyes à la fin du IXᵉ siècle. Cf. *Eudes, comte de Paris et roi de France*, p. 202-206.

[2] Vers l'année 1020, le comté de Troyes étant devenu vacant par la mort d'Étienne de Vermandois, le comte de Chartres, Eudes II, malgré l'opposition du roi Robert le Pieux, recueillit la succession du comte défunt. Il est possible qu'il ait fait valoir en cette occasion les droits dont son aïeul, Eudes de Chartres, avait été frustré en 886. Jusqu'à ce jour, la succession d'Eudes au comté de Troyes vers 1020 a paru difficile à comprendre. L'explication que j'en propose peut faire disparaître en partie cette difficulté.

[3] Abbon, en parlant de Geoffroi du Maine et d'Eudes de Chartres, s'exprime ainsi (l. I, v. 653) : *Belligeri fuerunt Uddonis consulis ambo*. C'était donc, d'après Abbon, Eudes, comte de Paris, qui avait chargé Eudes de Chartres de combattre les pirates danois. Abbon écrivait ces vers alors qu'Eudes de Paris avait été élu roi. Du reste, dès le mois de février 886, le comte de Paris était en réalité l'âme de la résistance faite aux Normands, et comme il fut, quelques mois plus tard, nommé duc d'entre Seine et Loire, il devint, depuis lors, chef immédiat du comte de Chartres.

aidé du comte Geoffroi, du Mans[1], vint à leur rencontre peu de jours après que son frère Robert eut perdu la vie en voulant chasser leurs congénères du pays de Troyes. Mais Eudes fut plus heureux que Robert. Un combat terrible eut lieu près de Chartres, et les Normands taillés en pièces laissèrent plus de quinze cents morts sur le champ de bataille (février 886)[2].

Les pirates n'eurent pas un meilleur succès dans le Maine, et aucune ville de Neustrie ne céda devant eux[3]. Abbon, en racontant ces évènements, a consacré à Eudes de Chartres quelques vers qui nous sont précieux, parce qu'ils témoignent que ce comte n'avait pas dégénéré de ses aïeux : « Cet » Eudes, dit-il, lutta bien des fois dans la suite contre les » Normands, et toujours il en fut vainqueur. Il avait autre- » fois perdu à la guerre sa main droite et l'avait remplacée » par une main de fer qui ne le cédait pas en vigueur à la » première[4]. » — Abbon écrivait cela vers 896. Par conséquent, depuis 886 jusqu'en 896, Eudes s'était signalé par ses victoires contre les Normands.

Je ne puis ajouter aucun détail à cette simple assertion du

---

[1] On a vu précédemment qu'en l'année 878 la ville de Châteaudun est signalée par Hincmar comme appartenant au jeune comte Eudes. Il y a, dans le fait de la défense de Chartres par le même Eudes en 886, un indice important qu'il est bon de mettre en lumière, indice qui tend à prouver qu'à cette époque les pays de Châteaudun et de Chartres étaient défendus et administrés par le même comte. Cela confirme également, en une certaine mesure, la supposition que j'ai déjà faite pour plusieurs autres motifs, à savoir qu'Eudes, comte de Châteaudun en 846 et père de celui dont il est ici question, était aussi, très probablement, comte de Chartres.

[2] *Carnoteno innumeros conflictus applicuerunt*
Allophyli; verum liquere cadavera mille
Hic quingenta simul, rubeo populante duello :
Una dies istum voluit sic ludere ludum,
His ducibus, Godefredo necnon et Odone.
          (Abbon, l. I, vers 648-652).

[3] *Nec satius quidquam sortiti apud hi Cinomannos,*
Haud equidem reliquae cesserunt suavius urbes.
          (Abbon, l. I, v. 658-659).

[4] *Is m Odo praeterea opposuit se saepius illis,*
Et vicit jugiter victor. Heu! liquerat illum
Dextra manus bello quondam, cujus loca cinxit
Ferrea pene vigore nihil infirmior ipsa ?
          (Abbon, l. I, v. 654-657).

moine de Saint-Germain-des-Prés ; car je ne sais rien de plus positif sur les expéditions qu'Eudes put faire à cette époque contre les pirates danois. Les récits d'auteurs contemporains font presque entièrement défaut pour toute la partie de notre histoire qui s'étend de 800 à 920 environ. Et pourtant, durant ces trente années, jamais tant d'évènements importants ne durent se succéder les uns aux autres. C'est la période pendant laquelle les Normands exercèrent le plus de ravages, pendant laquelle le pays chartrain lui-même eut le plus à souffrir. Peut-être est-ce en raison de l'étendue de ces désastres qu'il ne se trouva personne pour les raconter. Quoi qu'il en soit, avec les quelques chartes que l'on possède, avec les récits des écrivains postérieurs, il faut suppléer à cette pénurie de documents et s'efforcer de reconstituer l'histoire de ces temps de trouble, en se tenant toutefois en garde contre les nombreuses légendes qu'enfantèrent les guerres incessantes de cette triste époque.

Il est tout d'abord nécessaire de réfuter une opinion admise par plusieurs historiens relativement à un prétendu comte de Chartres de la fin du IXe siècle. On a souvent répété que le comté de Chartres avait été, vers l'an 880, cédé par le roi à un chef normand bien connu, Hasting, et que celui-ci s'en serait peu après dépouillé au profit d'un comte du nom de Thibaut. — Pour savoir quel cas on doit faire de ces assertions, il est indispensable de réunir les renseignements positifs que les chroniqueurs nous ont laissés sur Hasting.

La présence d'Hasting, danois d'origine, n'est signalée pour la première fois en Gaule, d'une manière certaine, que dans le courant de l'année 866. A cette date, Réginon rapporte que Hasting était à la tête des pirates qui tuèrent, dans l'église de Brissarthe [1], le duc Robert le Fort. De 867 à 882, Hasting paraît ne pas avoir quitté les pays riverains de la Loire, car il les ravagea à diverses reprises. En 882, le roi Louis III, à force d'argent, obtint qu'Hasting fit reprendre la mer à ses compagnons. Les Annales de Saint-Vaast ajoutent que le roi, non content de traiter avec le chef normand,

---

[1] Brissarthe, Maine-et-Loire, arr[t] Segré, c[on] Châteauneuf-sur-Sarthe.

conclut alors une étroite alliance avec lui, *volens Alstingum in amicitiam recipere, quod et fecit*[1].

Ce dernier fait est pleinement confirmé par ce que raconte Dudon de Saint-Quentin[2] : « Dans ce temps, dit-il, la France
» était presque réduite en un désert; on tremblait à l'ap-
» proche des Normands comme aux sourds mugissements de
» la foudre; le roi des Francs ne savait que tenter pour
» résister à l'audace des païens. En ces circonstances, il prit
» une décision salutaire et résolut de faire un pacte d'alliance
» avec Hasting, le plus redoutable des pirates, afin que la
» paix conclue entre eux régnât dans tout le royaume...
» Des députés sont envoyés au féroce chef normand, qui,
» adouci par les sommes d'argent qu'on lui propose, consent
» à accepter la paix pour une durée de quatre ans. Pendant
» cette période, le roi de France et Hasting, étroitement
» alliés l'un à l'autre, vécurent en parfaite concorde, et le
» royaume n'eut plus à craindre de nouveaux ravages[3]. »

Dudon devait tenir ces informations de personnes bien instruites sur la vie et les actions d'Hasting. Tout ce qu'il dit ici est confirmé par les annalistes contemporains. D'abord, il

---

[1] *Annales Vedast.*, ad ann. 882. Cf. *Ann. Bertin.*, ad ann. 882.

[2] Dudon de Saint-Quentin, longtemps mis à l'écart comme narrateur peu digne de foi, a été justement réhabilité par M. J. Lair en 1865. Aujourd'hui on ne saurait plus nier tout ce que le récit de Dudon contient de vérités cachées sous un fatras de développements oratoires. J'ai eu moi-même à constater après M. J. Lair combien de cet ouvrage on peut tirer d'utiles renseignements pour l'histoire d'Hasting. Tout récemment encore, un danois, M. Steenstrup, a été amené à avouer que ce que l'on connaissait de plus certain sur l'origine du fameux duc normand, Rollon, se trouvait dans l'ouvrage de Dudon (Steenstrup, *Études préliminaires pour servir à l'histoire des Normands*, Caen, 1880, in-8°, p. 98-110).

[3] *Interea, dum quasi solitudo Francia deserta haberetur, dumque, veluti tonitrualis mugitus rugientia arcana, pavidi Northmannorum adventus formidarentur, rexque Francorum unde audaciae paganorum hostiliter resisteret non haberet, reperit consilium valde sibi suisque saluberrimum, ut cum Alstigno nequiorum nequissimo foederaretur, paxque totius regni, serenata ingruentium depopulationum tempestate, inter utrumque haberetur... Diriguntur legati ad atrocem Alstignum pacifici. Dehinc vectigali pensorum tributorum summa mitigatus, et a Francigenis exacti muneris pondere sensim placatus, pacem quae postulabatur non abdicat diutius, verum dat ultroneus. Inconvulsa igitur praesulum pace firmata, ducitur ad regem, pepigitque inextricabili foedere olympiatis cum eo munera pacis. Qui imperialibus competentiis mutuaque voluntate vicissim foederati, concordes unanimiter sunt effecti, quievitque Francia, multimoda antehac depopulatione afflicta, cursuque illius temporis, hostili peste privata, intumescentium paganorum vastatione est liberata* (Dudon, édit. J. Lair, p. 136 et 137).

raconte comment le roi s'allia avec Hasting ; nous avons vu que ce traité d'alliance eut lieu en 882. On sait de plus par les Annales de Fulda[1] qu'à la même date l'empereur Charles le Gros achetait la paix de deux autres puissants chefs normands, Godefroi et Sigefroi. Aussi est-il hors de doute que, pendant plusieurs années, comme le prétend Dudon, la majeure partie de la Gaule fut délivrée des incursions des pirates. Il n'y eut plus que les contrées septentrionales, telles que celles voisines de la Somme, qui eurent à souffrir des ravages de Danois venus d'Angleterre. Dudon ajoute que la paix entre Hasting et les Francs fut de quatre ans « *fœdere olympiadis.* » On ne peut s'empêcher d'être frappé de la vraisemblance de cette assertion.

Il est en effet digne de remarque que, la même année qu'Hasting (882), le chef normand, Sigefroi, traita avec les Francs. Sigefroi, depuis ce temps, vécut à la cour des rois carolingiens. En 884, il était auprès de Carloman et s'entremettait entre ce prince et les païens qui désolaient alors les rives de la Somme[2]. Deux ans plus tard, en 886, c'est-à-dire quatre ans après le traité de 882, Sigefroi abandonne les Francs et retourne tout à coup se joindre à ses compatriotes occupés à faire le siège de Paris[3].

D'après Dudon, Hasting suit la même ligne de conduite. Après avoir conclu en 882 une trêve de quatre ans, il passe ce laps de temps en bonne intelligence avec les Francs et s'entremet entre eux et les Normands de la Seine. Puis, quelques années plus tard, l'histoire le montre combattant de nouveau à la tête des pirates danois. Le témoignage de Dudon, en ce qui concerne cette période de la vie du chef normand, mérite donc toute créance.

J'ai dit qu'Hasting, à l'exemple de Sigefroi, s'entremit entre les Francs et les Danois. Ce fut en l'année 885.

Au mois de juillet de cette année, les pirates, qui désolaient le nord de la Gaule, abandonnèrent les rives de la Somme et pénétrèrent dans le cours de la Seine ; ils entrèrent le 25 juillet à Rouen. Les Francs, sous la conduite de Renaud, duc

---

[1] *Ann. Fuld.*, ad ann. 882, dom Bouquet, VIII, 42.
[2] *Ann. Vedast.*, ad ann. 884, *ibidem*, VIII, 83.
[3] *Ann. Fuld.*, ad ann. 886, *ibidem*, VIII, 46.

du Maine, tentèrent de s'opposer à leur envahissement ; mais ils furent battus et Renaud fut tué dans le combat[1] (vers août 885). — Le récit de Dudon permet de compléter ce simple exposé des événements. Quand les Danois eurent pris Rouen, ils descendirent le cours de la Seine jusqu'au village des Damps[2], près Pont-de-l'Arche[3]. Les Francs, ayant aussitôt mandé Hasting, partirent sous la conduite du duc Renaud à la rencontre des pirates et vinrent occuper le cours de l'Eure près de son confluent avec la Seine. Renaud décida alors Hasting à aller trouver les Danois pour leur persuader de se retirer. L'entrevue de l'ancien chef normand avec ses compatriotes a été rapportée par Dudon en des termes fort curieux : « Les comtes francs, dit Hasting aux pirates, vous » prient de dire qui vous êtes, d'où vous êtes, ce que vous » voulez. — Nous sommes Danois, répondent ceux-ci ; nous » venons de Dacie ; nous voulons conquérir la Gaule. — Quel » nom porte votre chef ? — Aucun, car tous nous sommes » égaux. » Hasting, voulant savoir ce qu'ils pensaient de lui, leur demande : « Avez-vous jamais entendu parler d'un cer- » tain Hasting, votre compatriote, qui vint autrefois ici avec » une grande flotte ? — Oui, répondirent-ils, cet Hasting a eu » de glorieux débuts, mais il s'est mal comporté dans la » suite et il a mal fini. — Voulez-vous, reprit Hasting, vous » soumettre au roi Charles[4] et recevoir de lui en retour de » grands bénéfices ? — Jamais, dirent-ils, nous ne nous sou- » mettrons à personne, et ce bénéfice seul peut nous plaire » que nous conquérerons par les armes. » Après ces pourparlers inutiles, Dudon raconte le combat qui s'ensuivit, la victoire des Danois, la fuite d'Hasting et des comtes francs, enfin la mort du duc Renaud (éd. Lair, p. 154 et ssv.).

Ce récit de Dudon, très vraisemblable, fut repris, une cinquantaine d'années plus tard, dans la seconde moitié du XIe siècle, par l'abréviateur de cet historien, Guillaume de Jumièges, qui amplifia et dénatura la narration de son devancier. Renaud,

---

[1] *Ann. Vedast.*, ad ann. 885, dom Bouquet, VIII, 84.

[2] Les Damps, Eure, arr[t] Louviers, c[on] Pont-de-l'Arche.

[3] *Rollo, a Rotomo divulsis navibus, ..bvehitur ad Archas usque quae as Dans dicitur* (*Dudon*, éd. J. Lair, p. 153 et 154). Comme on le voit, suivant Dudon, Rollon aurait fait partie de cette expédition.

[4] C'était Charles le Gros qui gouvernait alors la Gaule.

ayant établi son camp près du cours de l'Eure, envoie vers les Danois Hasting, qui, d'après Guillaume, demeurait alors dans la ville de Chartres, *qui in Carnotena urbe morabatur*[1]. Après l'entrevue d'Hasting et des pirates, après la bataille qui eut lieu sur les bords de l'Eure, après la fuite des Francs et d'Hasting, événements que Guillaume a rapportés presque mot à mot d'après Dudon, se présente un passage qui appartient en propre au moine de Jumièges. Le comte Thibaut, dit Guillaume, croyant que l'occasion était favorable pour tromper Hasting, vint trouver le chef normand et lui dit sournoisement : « Ignores-tu donc que le roi Charles veut te faire » périr pour se venger de toi et te faire expier ce que tu as » fait souffrir autrefois aux chrétiens : sois sur tes gardes si » tu ne veux subir les plus terribles châtiments. » Hasting, effrayé par ces paroles, vendit aussitôt sa ville de Chartres à Thibaut, et depuis ce temps on ne le vit plus en Gaule[2].

Ce marché conclu entre Thibaut et Hasting est fabuleux et invraisemblable. Et d'abord, il était contraire aux usages de ce temps qu'un comte vendit à un autre sa ville ou son comté : quand le roi confiait une ville à un comte, il ne lui en donnait pas la pleine propriété et il n'aurait pas toléré de semblables contrats[3]. Guillaume de Jumièges ajoute qu'Hasting, après ces événements qui se passaient en 885, ne reparut plus en Gaule : cela est faux, car les chroniqueurs contemporains le montrent ravageant les rives de la Somme pendant les années 890, 891 et 892 (cf. *Annales de Saint-Vaast*,

---

[1] *Tunc Rainaldus, totius Francie dux, agnito paganorum repentino adventu, cum valida exercituum virtute, super Autore fluvium eis obvius processit, Hastingum, qui in Carnotena urbe morabatur, ob peritiam lingue cum aliis legatis premittens.* Je cite le texte de Guillaume de Jumièges tel que l'offre le ms. latin 15047 de la Bibliothèque nationale. Ce manuscrit est un des seuls qui nous ait conservé l'œuvre de Guillaume de Jumièges sans interpolations. Ce passage s'y trouve au folio 191 r°. Cf. dom Bouquet, VIII, 255.

[2] *Considerans ergo Teboldus comes se tempus repperisse opportunum ad decipiendum Hastingum, talibus verbis falso appetit illum: Ignoras regem Karolum te velle morte oppetere ob christianorum sanguinem a te olim fusum injuste?... Consule autem tibi ne inconsultus puniaris. Quibus verbis Hastingus territus, confestim Carnotenam urbem Tetbaldo vendidit, et, distractis omnibus, peregre profectus disparuit* (Guillaume de Jumièges, ms. lat. 15047 de la Bibl. Nat. f° 101 r°. Cf. dom Bouquet, VIII, 255).

[3] Ces sortes de marché auraient pu, à la rigueur, s'accomplir vers la fin du XIe siècle, au temps où écrivait Guillaume de Jumièges, mais, au IXe siècle, le roi seul pouvait disposer ainsi d'un comté.

à ces dates). Il est en outre historiquement impossible qu'en 885 Hasting ait vendu Chartres à un comte Thibaut : la *Petite chronique de l'abbaye de Bonneval en Dunois* nous apprend en effet que Thibaut le Tricheur, mort en 975, fut le premier comte de Chartres ayant porté le nom de Thibaut [1]; ce serait donc à lui qu'Hasting aurait vendu la ville en 885, et il faudrait supposer que Thibaut le Tricheur aurait vécu plus de cent dix ans et qu'il avait déjà cent ans quand, en 965, il combattait contre Richard, duc de Normandie [2]. Enfin, en 886, il y avait à Chartres un comte qui était Eudes et qui tailla en pièces les Normands sous les murs mêmes de la ville.

Il me reste à dire quelques mots des dernières invasions danoises en Gaule, car le dénouement de ces luttes sanglantes eut pour théâtre le pays chartrain.

Durant les six années qui suivirent celle où Paris fut assiégé par les Normands (887-892), jamais notre pays n'eut tant à souffrir de la férocité de ces pirates. Le résultat de leurs brigandages fut d'amener la disette dans le Royaume : une famine terrible éclata en 892. Les Normands abandonnèrent alors le continent, traversèrent la Manche à l'automne et portèrent leurs ravages dans les Iles Britanniques[3].

---

[1] Le chroniqueur de Bonneval, qui vivait au commencement du XIe siècle, s'exprime ainsi en parlant de Thibaut le Tricheur, *comes Thetbaldus primus*. Ces mots, tirés d'une chronique locale presque contemporaine, montrent que Thibaut le Tricheur fut le premier comte de Chartres de ce nom. Cf. René Merlet, *Petite chronique de Bonneval*, p. 19 et 23.

[2] Guillaume de Jumièges est le premier auteur qui mentionne cette possession de Chartres par Hasting. On peut s'expliquer comment le récit de Dudon a pu l'amener à faire cette supposition. Dudon montre Hasting vivant au milieu des comtes francs : Guillaume en aura induit qu'Hasting, après avoir fait sa paix avec le roi, reçut un comté en retour ; et comme ce fut sur l'Eure qu'eut lieu l'entrevue d'Hasting et des Danois, Guillaume en a conclu qu'Hasting était comte de Chartres. L'idée de faire vendre Chartres à Thibaut devait se présenter à l'esprit de Guillaume ; car c'était une occasion de présenter sous un jour défavorable Thibaut le Tricheur, trompant par ses ruses le chef normand, *Teboldus comes ad decipiendum Hastingum talibus verbis falso appetit. [Eum.* — Aubri des Trois-Fontaines a emprunté à Guillaume de Jumièges le récit de la vente de Chartres à Thibaut et a mis cet évènement dans sa Chronique à l'année 904 : *De Hastingo vero dicitur quod, cum esset ei persuasum quod ob suspicionem favendi Normannis Karolo regi fuit invisus, prae timore vendita civitate Carnoto Turonensi comiti, Theobaldo, clam discessit et post in Francia non est visus* (*Chronicon Alberici*, ad ann. 904, dom Bouquet, IX, 63).

[3] *Northmanni, videntes omne regnum fame atteri, relicta Francia, tempore*

Pendant près de quatre ans, on ne les revit plus en Gaule (893-896)[1].

Hasting qui, de 890 à 892, avait dévasté le bassin de la Somme, apparaît dès 893, à la tête des Danois, établis à l'embouchure de la Tamise. Les chroniqueurs anglo-saxons racontent avec détail les défaites que le roi Alfred lui fit éprouver dans le pays de Kent[2].

Dans le même temps qu'Hasting, vers 892, Rollon avait quitté la Gaule; Dudon de Saint-Quentin témoigne que Rollon, quelques années après le siège de Paris, s'en alla avec ses compagnons guerroyer dans la Grande-Bretagne[3].

Mais les échecs qu'ils éprouvèrent en Angleterre ramenèrent en Gaule un grand nombre de Normands. Vers le mois de novembre 896, une flottille danoise reparaissait à l'entrée de la Seine sous la conduite d'Hunedeus, et, avant Noël, une multitude d'autres barques étaient venues se joindre à elle[4]. Rollon était du nombre de ces envahisseurs, mais il n'était pas encore reconnu par eux comme chef suprême. C'est ce qui ressort d'une note historique d'origine aquitaine

---

autumni, mare transierunt (Annal. Vedast., ad ann. 892, dom Bouquet, VIII, 89).

[1] Pendant ce laps de temps aucun chroniqueur contemporain ne mentionne la présence des Normands en Gaule.

[2] Cf. J. Lair, *Introduction à l'édition de Dudon de Saint-Quentin*, p. 15-16. — En 896, Hasting disparaît d'Angleterre; il revint dans la suite sur le continent. Cf. *Vita sancti Virentii*, dom Bouquet, IX, 130.

[3] Voir *Dudon*, éd. Lair, p. 158-160. — Dudon rapporte l'expédition de Rollon dans la Grande-Bretagne après les sièges de Bayeux et d'Evreux, qui eurent lieu vraisemblablement en 890, quand les Normands allèrent piller le Cotentin (*Ann. de Saint-Vaast*, ad ann. 890). Rollon suivit donc le courant qui, en 891 et 892, entraînait les pirates en Angleterre. M. Lair, qui paraît n'avoir pas remarqué qu'à cette époque les Normands abandonnèrent en masse la Gaule pendant quatre années, a prétendu à tort qu'il fallait intervertir, dans le récit de Dudon, l'ordre des expéditions de Rollon et placer l'expédition d'Angleterre avant celles de Bayeux et d'Evreux. Dudon, ici comme ailleurs, n'est pas à reprendre. Il est vrai que, d'après lui, Rollon aurait été appelé en Grande-Bretagne par Guthrum-Athelstan, lequel, suivant la *Chronique saxonne*, serait mort en 890; mais d'autres annalistes mettent cette mort en 893 (Cf. J. Lair, *Introduction*, p. 59-61). Quoi qu'il en soit, il reste certain qu'en 892 Rollon, comme tous les autres chefs danois, avait quitté la Gaule et était passé en Angleterre.

[4] *Per idem tempus iterum Nortmanni, cum duce eorum, Hunedeo nomine, et quinque barchis iterum Sequanam ingressi.... Nortmanni vero, jam multiplicati, paucis ante Nativitatem Domini diebus, Hisam ingressi* (*Ann. Vedast., ad ann.* 896, dom Bouquet, VIII, 92).

où sont résumées avec précision les expéditions normandes de cette époque. « Les pirates, y est-il dit, après avoir dévasté
» le nord de la Gaule, abandonnèrent, d'abord avec Baret[1], en-
» suite sous la conduite d'Hasting, les régions maritimes du
» continent et se mirent à ravager la terre voisine de France[2];
» mais ils furent taillés en pièces par les ducs de ce pays. Alors
» de nouvelles troupes de Danois entrèrent dans la Seine, et
» leurs chefs, trouvant Rouen et les cités d'alentour dépour-
» vues de défenseurs, s'en emparèrent et s'y établirent. Puis
» ils élevèrent au-dessus d'eux et créèrent roi Rollon, qui
» était de leur race et qui fixa sa résidence à Rouen[3]. »

La conquête de la province de Rouen fut accomplie par les pirates dans le cours des années 897 à 900 environ[4]. C'est

---

[1] Baret revint d'Angleterre en Gaule, comme la plupart des autres chefs danois, car, le 30 juin 903, ce fut lui qui brûla la ville de Tours : *Anno incarnati Verbi DCCCCIII, pridie Kalendas julii, festo Sancti Pauli, regnante Carolo, filio Ludovici Balbi, post obitum Odonis regis in anno VI et Roberti abbatis anno XV, iterum succensa est basilica Sancti Martini cum XXVIII aliis ecclesiis ab Heric et Baret, Nortmannis, cum toto castro* (Chron. de Saint-Martin de Tours, dom Bouquet, VIII, 317).

[2] Il s'agit ici de l'Angleterre.

[3] *Et Nortmannorum aliae cohortes Franciam superiorem devastantes, primum cum duce Bareto, deinde cum rege Astenco oras maritimas desertantes, postquam desolaverunt terram vicinam Francie, prostrati sunt a vicinis ducibus Francie. Deinde cum alia multitudine Nortmannorum Rodomum urbs et vicine sibi civitates inventae vacuae vindicate sunt ad habitandum a ducibus corum, qui elevaverunt super se ex eorum gente regem nomine Rosum qui sedem sibi in Rodomo constituit* (Pertz, Scriptores, IV, 123). Ces lignes ont été écrites par un moine de Saint-Martial de Limoges, au XIIe siècle. Elles offrent un résumé véridique des expéditions normandes de 800 à 900 environ. On y voit que Rollon n'était qu'un chef secondaire avant l'invasion de 896. C'est précisément le résultat auquel M. Lair était arrivé au sujet de Rollon dans son *Introduction à l'Histoire de Dudon de Saint-Quentin*, p. 59. Le moine de Limoges a emprunté vraisemblablement ce passage à une ancienne source d'origine aquitaine aujourd'hui perdue.

[4] En l'année 900, le roi Charles le Simple, inquiet de voir les pirates s'établir malgré lui dans son royaume, avait mandé à sa cour les ducs Robert et Richard, ainsi qu'Herbert, comte de Vermandois, et Manassés, comte de Dijon. Il voulait avoir leur avis sur la conduite à tenir vis à vis des envahisseurs. Mais des disputes s'élevèrent entre Robert et Manassés; la conférence n'aboutit à aucun résultat, et personne ne songea plus à inquiéter les Normands dans leur conquête. *Rex cum Roberto et Ricardo atque Heriberto coepit sermocinari quid de Nortmannis agerent. Unde contigit quadam die ut Manasses, quidam ex fidelibus Ricardi, regi loquens, quae illi non conveniebant de Roberto locutus est. Quod ubi Roberto nunciatum est, ascenso equo, rediit in sua, atque ita omnes discordantes sine ullo effectu reversi sunt unusquisque in sua* (Ann. Vedast., ad an. 900, dom Bouquet, VIII, 93).

alors que Rollon fut proclamé chef par les autres capitaines danois dont les troupes étaient cantonnées dans la région roumoise [1].

Rollon s'appliqua d'abord à asseoir solidement la conquête que ses compagnons avaient faite des pays riverains de la Basse-Seine. Aussi, pendant une dizaine d'années (900 environ à 910), la Gaule septentrionale fut-elle peu inquiétée par les incursions des Danois.

Grâce à ce répit, pour ne citer qu'un exemple, Hervé, élu archevêque de Reims le 6 juillet 900, pouvait consacrer les premiers temps de son épiscopat à relever les murailles des places fortes de son diocèse et à réédifier un grand nombre d'églises autrefois brûlées par les Normands. Le 20 décembre 900, rassuré par la contenance des pirates, il transféra hors des murs de sa cité de Reims le corps de saint Rémi, qui avait été mis, quelques années auparavant, à l'intérieur de la ville par crainte des incursions danoises [2].

Ce ne fut que lorsque Rollon sentit sa domination sûrement établie à Rouen qu'il résolut de l'étendre plus loin. On était alors en l'année 910. Gui, archevêque de Rouen, venait de mourir [3]. Ce prélat avait su prendre sur les pirates danois

---

[1] Rollon n'exerça jamais l'autorité souveraine que sur les Normands de la Seine. Dans le temps même où ceux-ci le choisissaient pour chef, d'autres pirates, établis à l'embouchure de la Loire, ravageaient le centre de la Gaule. En 903, Baret et Héric pillèrent et brûlèrent la ville de Tours ; ils poussèrent leurs incursions jusqu'en Berry, où ils détruisirent l'abbaye de Deuvre (c^{ne} de Saint-Georges-sur-la-Prée). Cf. *pièces justif.* n° V. Hasting, de son côté, chassé d'Angleterre, était rentré en Gaule. Un auteur du Xe siècle mentionne une invasion de ce terrible capitaine en Bourgogne, peu d'années avant la bataille qui eut lieu à Chartres le 20 juillet 911. Au cours de cette expédition, Hasting dévasta les rives de la Saône et ruina de fond en comble le monastère de Saint-Vivant-en-Amous (Jura). Cf. *Vita S. Viventii*, dom Bouquet, IX, 130. Aucun de ces chefs n'obéissait à Rollon. Plus de quinze ans après le traité conclu à Saint-Clair-sur-Epte entre Rollon et Charles le Simple, les Normands de la Loire, sous la conduite de leur duc Ragnold, désolaient encore notre pays (Flodoard, *ad annos* 923-930).

[2] Cf. Flodoard, *Hist. eccl. Rem.*, l. IV, c. 13, dom Bouquet, VIII, p. 162, note 6 et p. 163. — Le récit de Dudon de Saint-Quentin me confirme dans l'opinion que, de 900 à 910, les Normands de la Seine firent peu d'incursions hors de la région roumoise où ils étaient établis. Dudon, en effet, après avoir montré que Rollon avait fixé sa résidence à Rouen, d'où il dominait sur toute la contrée (éd. Lair, p. 166), ne mentionne aucune expédition de ce chef des pirates avant la fameuse campagne de 910-911 que je raconterai dans la suite.

[3] Gui est signalé pour la dernière fois le 26 juin 909, jour où il souscrivit les décrets du concile de Trosli, près de Soissons.

un certain ascendant ; il en avait converti beaucoup à la foi chrétienne [1], et avait dû contribuer pour une grande part à réprimer les projets belliqueux de Rollon. Mais le successeur de Gui, Francon, se trouva impuissant à s'opposer à la lutte qui était imminente entre les Normands et les Francs.

Vers la fin de l'année 910, Rollon vint assiéger Paris et se mit à désoler les pays environnants [2]. Le roi Charles le Simple, effrayé par cette brusque attaque, manda à lui l'archevêque Francon et obtint par son entremise une trêve de trois mois [3]. Plusieurs puissants comtes de Gaule s'indignèrent de voir le roi solliciter ainsi des pirates une paix déshonorante. Richard, duc de Bourgogne, et Ebles, comte de Poitiers, lui firent savoir qu'ils étaient prêts à accourir à son secours et qu'il ne fallait à aucun prix transiger avec les Danois [4]. Rollon, instruit de l'alliance prête à se former contre lui, n'attendit pas que ses ennemis eussent réuni leurs forces ; il rompit la trêve et fondit à l'improviste sur les Francs : puis, pour terrifier le duc Richard, il envoya ses navires par le cours de la Seine et de l'Yonne porter leurs ravages jusqu'en Bourgogne [5]. A Auxerre, les Normands furent taillés en pièces par les habitants qui étaient allés à la rencontre des pirates sous la conduite de leur évêque Géran [6]. Trois

---

[1] On possède une longue épître d'Hervé, archevêque de Reims, en réponse à une lettre dans laquelle Gui lui avait demandé conseil sur la conduite à tenir vis à vis des Normands nouvellement convertis (Cf. Labbe, *Concilia*, T. IX, col. 481-494).

[2] [Rollo], *Parisius veniens, coepit urbem oppugnare et terram super inimicos suos devastare* (Dudon, éd. Lair, p. 160).

[3] Francon, au rapport de Dudon, était alors assujetti à Rollon. *Karolus rex rogavit ad se venire Franconem, Rotomagensem episcopum, Rolloni jam attributum* (Dudon, édit. Lair, p. 160). C'est une nouvelle preuve que Rollon dominait souverainement à Rouen bien avant le traité de Saint-Clair-sur-Epte.

[4] Dudon, édit., Lair, p. 160-161.

[5] *Illico Rollo... coepit laniare et affligere atque delere populum. Sui autem in Burgundiam pergentes, perque Ionam in Sigonam navigantes, terrasque omnibus affines usque Clarum Montem undique secus devastantes, Senonis provinciam invaserunt, atque cuncta depopulantes ad Sanctum Benedictum contra Rollonem revenerunt... Stampas equidem adiens, [Rollo] totam terram adjacentem perdidit, quamplurimos captivavit. Inde, ad Vilemetz veniens, finitimas terras praedavit, hincque Parisius remeare acceleravit* (Dudon, éd. Lair, p. 161.)

[6] Géran avait été élu évêque d'Auxerre le 14 janvier 910.

étendards furent pris, deux chefs faits prisonniers; on précipita l'un d'entre eux du haut des murs de la ville [1].

Toutefois cette résistance des Auxerrois ne fut guère qu'un fait isolé. Après avoir dévasté la Bourgogne supérieure, les Normands descendirent la Saône, puis remontèrent vers la province de Sens, en suivant la Loire; ils séjournèrent au monastère de Fleury où ils rejoignirent Rollon; de là ils se dirigèrent sur Étampes, ensuite sur Dreux, campèrent à Villemeux [2], près du cours de l'Eure, enfin revinrent vers Paris, ne laissant sur leur passage que la ruine et la mort.

Entre Dreux et Paris, Rollon fut arrêté dans sa marche par un obstacle inattendu. Les paysans des régions saccagées, s'étant rassemblés en grand nombre, voulurent barrer la route aux Normands; mais la plupart étaient sans armes, et ceux qui en portaient ne savaient même pas les manier: Rollon en fit un grand carnage et mit les survivants en déroute [3].

Ces événements se passaient vers le milieu de l'année 911. A la nouvelle de l'approche des Danois, le comte Robert, fils de Robert le Fort, s'était jeté dans Paris avec Manassès, comte de Dijon, l'un des plus braves capitaines de l'époque [4].

Décidés à tenter un effort suprême contre Rollon, ils écrivirent au duc de Bourgogne, Richard, pour qu'il vînt unir ses forces aux leurs : « Sachez, lui dirent-ils, que nous
» sommes sortis de Paris pour aller à la rencontre des

---

[1] [Gerannus], cum suis tantum urbe egressus, speculatores praemittit, hostesque invenit : initur bellum, potitur victoria, et, profligatis adversariis, tria illorum recehuntur labara. Duo illic hostium nobiles capti sunt, quorum unus de muro civitatis praecipitatus periit (Vita sancti Geranni, auctore anonymo coaevo, Bollandistes, Acta Sanctorum, tome XXXIII, p. 598).

[2] Villemeux, Eure-et-Loir, arr^t Dreux, c^{on} Nogent-le-Roi.

[3] L'histoire mentionne plusieurs soulèvements analogues des paysans d'entre Seine et Loire contre les Normands. En l'année 859, *vulgus promiscuum inter Sequanam et Ligerim inter se conjurans adversus Danos in Sequana consistentes, fortiter resistit; sed, quia incaute suscepta est eorum conjuratio, a potentioribus nostris facile interficiuntur* (Ann. Bertin., ad an. 859, dom Bouquet, VII, 74). — En 862, quand les moines de Saint-Maur-sur-Loire se réfugièrent au Mesle, au pays de Sées, l'évêque de Sées, Hildebrand, était occupé à diriger une expédition générale du peuple contre les Danois, et il ne put venir recevoir les reliques de saint Maur que les moines apportaient avec eux (Dom Bouquet, VIII, 317).

[4] Duchesne, dans son *Histoire de la maison de Vergy*, a fort bien résumé tout ce que l'on sait sur ce comte de Dijon.

» Normands ; mais ne les ayant pas trouvés, nous sommes
» rentrés dans la ville, et nous vous faisons demander si oui
» ou non vous viendrez à nous[1]. » Comme on le verra par la
suite, Richard répondit à cet appel.

Cependant Rollon s'était arrêté dans sa marche sur Paris[2].
Pour enlever aux paysans de la Beauce toute pensée de
tenter contre lui une nouvelle attaque, il fit brusquement
volte-face, envahit les comtés chartrain et dunois, et y
mit tout à feu et à sang. Puis il se dirigea sur la ville de
Chartres, résolu à la détruire de fond en comble[3].

De même que, l'année précédente, l'évêque Géran avait
été forcé d'organiser la défense à Auxerre, de même l'évêque
de Chartres, Gousseaume[4], était alors seul pour défendre la
cité. Dès qu'il fut averti des intentions de Rollon, il manda
au comte Robert d'accourir à la rencontre des Normands[5].

---

[1] Cette lettre est transcrite en marge d'un manuscrit de l'église cathédrale de Chartres (Bibl. commun. de Chartres, ms. 92, f° 38 v°). Les auteurs du *Catalogue des manuscrits de la Bibliothèque de Chartres* ont, en 1890, édité ce curieux document ; mais ils n'y ont ajouté aucune note et ne semblent pas en avoir compris l'intérêt. Ils ont sans doute cru que le duc Richard, dont il est question ici, était un duc de Normandie, car ils attribuent cette lettre au XI° siècle. Leur erreur est évidente. L'écriture de cette courte missive appartient au commencement du X° et non au XI° siècle. L'époque où elle fut transcrite est déterminée par ce fait que, dans la même marge, ont été ajoutés, d'une écriture contemporaine, ces mots : *Galterius archipresul*, Gautier, archevêque de Sens, de 887 à 923. Voici en quels termes est conçue cette lettre : *Rothertus, comes, et dux Manasse Richardo comiti, salutem. Scitote quoniam fuimus perrecti contra Normannos, sed non invenientes, regressi sumus Parisius, mittentes ad vos, et requirimus utrum necne venietis ad nos.* — On comprend aisément la raison qui, en l'année 911 sans doute, fit copier, dans un manuscrit de l'église de Chartres, cette lettre à laquelle la cité dut son salut ; car ce fut grâce à la venue du duc Richard que Rollon et ses compagnons purent être repoussés de Chartres par les Francs.

[2] Ce doit être à cause de ce brusque changement de direction dans la marche de l'armée danoise que Robert et Manassès ne rencontrèrent pas les Normands dont on leur avait annoncé l'approche.

[3] *Postea Rollo, nimio furoris aestu inhians et flagrans, super suos inimicos, civitatem Carnotis hostiliter expetiit, atque Dunensem comitatum et Carnotensem vastans, cum magno exercitu obsedit* (Dudon, éd. Lair, p. 162).

[4] Le souvenir de l'évêque Gousseaume était encore vivant à Chartres au XIII° siècle (Cf. *Le livre des miracles de Notre-Dame de Chartres*, par Jehan Le Marchant, édit. Gratet-Duplessis, p. 181). Dans les chroniques latines imprimées, cet évêque est appelé *Waltelmus*. Mais la forme populaire du XIII° siècle, Gousseaume, montre que son vrai nom était *Walcelmus*.

[5] *Misit ad Francos hujus maestiferae legationis nuntios.* Dudon ajoute que Gousseaume écrivit aussi au duc Richard et à Ebles de Poitiers ; mais ces

Robert venait d'opérer sa jonction avec le duc Richard. Les deux armées franque et bourguignonne atteignirent Chartres le samedi 20 juillet 911. Comme elles arrivaient, Rollon était sur le point de s'emparer de la ville¹. Le combat fut acharné des deux côtés; mais, tandis que les troupes de Rollon étaient aux prises avec celles de Richard et de Robert, l'évêque Gousseaume, revêtu des habits pontificaux, entouré des hommes d'armes de la cité, sortit de Chartres tenant en main la croix et le voile de la vierge Marie². Tous les habitants et les clercs le suivaient. Ils fondirent par derrière sur les païens, et cette intervention inattendue décida du sort de la journée³. Pris entre deux ennemis, les Normands se mirent

capitaines devaient avoir été prévenus auparavant; sans cela ils n'auraient pas eu le temps d'arriver. On a vu que c'était Robert qui avait fait venir Richard (cf. plus haut, p. 80, note 1); il en fut sans doute de même pour le comte Ebles. Le moine Paul, auteur du cartulaire de Saint-Père de Chartres, affirme que l'évêque Gousseaume écrivit alors non seulement au duc de Bourgogne et au comte de Poitiers, mais aussi à deux puissants comtes des Francs, *duos potentissimos Franciae comites;* il s'agit sans doute des comtes Robert et Manassès. Ce renseignement, qui ne se trouve pas dans l'ouvrage de Dudon, prouve que le moine Paul ne s'est pas contenté de copier le récit du doyen de Saint-Quentin et qu'il a eu à sa disposition quelque autre document, probablement d'origine locale (*Cartul. de Saint-Père,* p. 47).

¹ DCCCCXI. *Hoc anno, XII [I] Kalendas augusti, in sabbato, cum obsiderent Nortmanni Carnotinam urbem, et jam penitus esset capienda, supervenientes Ricardus et Rothbertus comites, omnipotentis Dei auxilio et beatae Mariae patrocinio roborati, fecerunt stragem maximam paganorum, a paucis qui remanserant obsides capientes* (Ann. Sanctae Columbae Senonensis, Pertz, SS. I, 104). — Plus de vingt chroniqueurs des siècles suivants mentionnent le siège de Chartres; mais ils ont tous puisé leurs renseignements à deux sources qui sont certainement d'origine contemporaine: les *Annales de Sainte-Colombe,* que je viens de citer, et la *Chronique de Saint-Maurice d'Angers,* qui s'exprime ainsi: DCCCCXI, *apud Carnotum proeliatum est die sabbati contra paganos per Richardum atque Rotbertum duces, et perempti sunt fortissimi paganorum VI millia DCCC* (Chroniq. des églises d'Anjou, par Marchegay et Mabille, p. 8).

² Cette antique relique, encore conservée à Chartres aujourd'hui, aurait été donnée, suivant la tradition, à l'église de Notre-Dame par Charles le Chauve. Quoi qu'il en soit, il est bien certain qu'elle était déjà fort vénérée dans la cité, il y a près de mille ans, comme le prouve l'usage qu'en fit l'évêque Gousseaume pour entraîner les Chartrains au combat. Les annales de Sainte-Colombe de Sens font sans doute allusion à cette intervention de l'évêque tenant en mains la croix et le voile de la vierge Marie, lorsqu'elles disent que les Normands furent taillés en pièces *Dei auxilio et beatae Mariae patrocinio* (voir la note précédente).

³ *Caesis ergo christianorum ac paganorum pluribus, stabat uterque in proelio exercitus mutuans vitam alternis ictibus, quum subito Gualtelmus episcopus, quasi missam celebraturus infulatus, bajulansque crucem atque*

à fuir et se frayèrent comme ils purent un passage au travers de leurs adversaires[1]. Ils laissèrent plus de six mille cinq cents morts sur le champ de bataille, sans compter ceux de leurs compagnons qui se noyèrent dans l'Eure ou qui moururent des suites de leurs blessures[2].

L'issue de ce mémorable combat ne fut pas un simple effet du hasard. Depuis plus d'un an, les Francs ne cherchaient qu'une occasion d'engager une lutte sérieuse avec les Normands. C'est surtout au comte de Paris, Robert, que revient l'honneur d'avoir organisé contre les pirates cette résistance qui finit par délivrer le pays de leurs incursions[3]. Dès l'an

tunicam sacrosanctae Mariae virginis manibus, prosequente clero cum civibus, ferratisque aciebus constipatus, exsiliens de civitate, paganorum terga telis verberat et mucronibus (Dudon, éd. Lair, p. 162).

D'après le moine Paul qui nous rapporte l'opinion du clergé chartrain de la fin du XIe siècle, l'évêque Gousseaume aurait joué, en cette journée du 20 juillet 911, un rôle différent de celui qui lui est attribué par Dudon. Gousseaume n'aurait pas quitté la ville : seuls les habitants de Chartres auraient opéré une sortie ; l'évêque serait demeuré sur les murs d'enceinte, se contentant d'exposer aux regards des assaillants, du haut de la Porte-Neuve, le voile de la vierge Marie (*Cart. de Saint-Père*, p. 47). On avait peine à admettre au XIe siècle que l'évêque eût pris une part active à la mêlée. Le récit de Dudon cependant paraît préférable à la tradition chartraine. On ne peut oublier en effet que l'évêque d'Auxerre, Géran, combattit en personne, sous les murs de Chartres (*Vita sancti Geranni, Acta SS.*, t. XXXIII, p. 598). Les évêques, aux IXe et Xe siècles, ne craignaient pas de se joindre aux expéditions dirigées contre les pirates danois, et ils ne se croyaient pas obligés à s'éloigner des champs de bataille.

[1] Le lieu du combat fut, suivant toute vraisemblance, la prairie connue aujourd'hui sous le nom de *Grands-Prés*. Cette prairie, qui s'étend entre Chartres et Lèves, le long de la rivière d'Eure, est implicitement désignée par les divers chroniqueurs comme l'endroit où se livra la bataille. On sait en effet que beaucoup de Normands se noyèrent en voulant traverser l'Eure, et que d'autres se réfugièrent en grand nombre sur les collines de Lèves après le combat (Dudon, éd. Lair, p. 164).

[2] *Maxima paganorum caedes acta est, in tantum ut inventi sint jugulatorum cadavera plus quam VI millia D, exceptis his quos vorago fluminis Audurae absorbuit, longusque fugae tractus silvarumque vastitas vulneratos et exanimes obtinuit* (*Vita sancti Geranni, Acta sanctorum*, T. XXXIII, p. 598).

[3] Robert, chargé par Charles le Simple de la défense du royaume contre les Normands, ne put quitter Paris pendant près deux ans (910-912). Une charte de Marmoutier nous apprend, en effet, que les occupations diverses qui lui incombaient le forcèrent à rester durant ce laps de temps éloigné de sa ville de Tours. *Anno incarnationis dominice DCCCCXII, cum... domnus Rotbertus, abba et comes, propter diversa regnorum Franciae atque Neustriae negotia, quibus a rege praepositus erat, ab urbe Turonica fere per biennium defuisset* (Mabille, *Invasions normandes dans la Loire*, Bibl. de l'Éc. des Chartes, année 1869, p. 151).

900, l'annaliste de Saint-Vaast nous montrait Robert, à la cour de Charles le Simple, délibérant avec Richard de Bourgogne, Herbert de Vermandois et Manassès de Dijon sur les moyens à employer pour chasser de Gaule les Normands. Une dispute survenue entre Robert et Manassès avait empêché cette conférence d'aboutir. Plus tard, les relations amicales de ces deux comtes se renouèrent. En 911, Robert avait appelé près de lui Manassès, et nous les avons vus allant de compagnie à la rencontre des pirates. Dans le même temps, Robert écrivait à Richard de Bourgogne et à Ebles de Poitiers, leur rappelant la promesse qu'ils avaient faite au roi, l'année précédente, de marcher contre les Danois au premier appel. Richard était accouru en toute hâte avec ses troupes; l'évêque d'Auxerre, Géran, était avec lui, et il se battit bravement sous les murs de Chartres[1]. Quant à Ebles de Poitiers, il n'arriva que le soir de la bataille, alors que les Normands étaient déjà dispersés de toutes parts[2].

Le combat de Chartres fut un des grands évènements de notre histoire nationale. Les auteurs contemporains sont unanimes à reconnaître qu'il marqua la fin des incursions des Normands de la Seine[3]. Les Danois, comme les Francs, comprirent que tout sentiment patriotique n'était point éteint en Gaule. Rollon ne songea plus qu'à s'assurer la possession pacifique des provinces qui lui appartenaient en fait depuis dix ans déjà, et, après une autre tentative infructueuse[4], il

---

[1] [Geranni] victrix dextra, una cum Richardo et Roberto, duobus maximis proceribus, proelio, quod apud Carnotum urbem gestum fuit, interfuit (Vita sancti Geranni, loco citato).

[2] Finito tali et tam magno certamine belli, Ebalus vespere advenit cum suis (Dudon, éd. Lair, p. 164).

[3] Quidam Francorum ac Burgundionum primores, duce Richardo præeunte... irruerunt in [Normannos] in pago Carnotense, tantaque strage illos deleverunt ut ulterius in exterorum fines minime raptim exire tentarent (Vita sancti Viventii, dom Bouquet, IX, p. 131). — Post bellum quod Robertus, comes, contra [Normannos] Carnotenus gessit, fidem Christi suscipere cœperunt (Flodoard, Hist. eccl. Rem., l. IV, c. 14). Voir aussi Dudon et Vita sancti Geranni, locis citatis.

[4] Après la défaite qu'ils essuyèrent à Chartres, les Normands tentèrent encore une fois de pénétrer en Bourgogne, mais ils furent taillés en pièces par le duc Richard dans le Nivernais, et, depuis lors, Rollon et ses compagnons ne se risquèrent plus à sortir de la province de Rouen (Vita sancti Geranni). Voir aussi Dudon, éd. Lair, p. 165.

conclut avec Charles le Simple le traité de Saint-Clair-sur-Epte (912).

Les diverses chroniques sont muettes sur la part que prit le comte Eudes aux évènements dont le pays chartrain fut le théâtre en 911. Subordonné au duc d'entre Seine et Loire, Eudes devait combattre à Chartres sous le commandement de Robert, et il se trouvait ainsi confondu avec les autres belligérants [1]. Son rôle avait dû être tout différent quand ses comtés de Chartres et de Châteaudun avaient été ravagés par Rollon [2]; car c'était à lui surtout qu'incombait alors le soin de les défendre. Dudon, malheureusement, ne nous a laissé aucun détail sur la manière dont le comte de Chartres agit en ces circonstances.

On ignore l'époque exacte à laquelle Eudes mourut. Il est certain qu'il avait cessé de vivre avant l'année 920, date à laquelle Thibaut le Tricheur apparaît comme comte de Chartres [3]. Je crois qu'Eudes avait épousé Richilde [4], qui se fit religieuse après le décès de son mari, et qu'il fut le père du célèbre comte de Chartres, Thibaut le Tricheur et de Richard [5], archevêque de Bourges. Eudes aurait eu en outre une fille qui épousa dans la suite le duc de Bretagne, Alain Barbe-Torte.

---

[1] Déjà, en 886, lorsqu'Eudes repoussa de Chartres les Normands, il combattait sous les ordres du comte de Paris, Eudes, frère de Robert. *Belligeri fuerant Uddonis consulis ambo* (Abbon, l. I, vers 653).

[2] *Rollo, nimio furoris aestu inhians,... atque Dunensem comitatum et Carnotensem vastans* (Dudon, éd. Lair, p. 162).

[3] Cf. *pièces justificatives*, n° V.

[4] Il y avait à Chartres, au moyen âge, un quartier que l'on appelait la Cour-Richeux, *Curia Richildis*. Ce quartier, attenant au Châtelet, me paraît avoir tiré son nom de Richilde, femme du comte Eudes, aucune autre comtesse de Chartres ne s'étant appelée ainsi.

[5] Sur Richilde et ses fils Thibaut et Richard, voir une charte de 980 environ, publiée par d'Arbois de Jubainville, *Histoire des comtes de Champagne*, I, 461, 462.

www.ingramcontent.com/pod-product-compliance
Lightning Source LLC
LaVergne TN
LVHW050555090426
835512LV00008B/1165